Wir wollen nicht die LETZTE GENERATION sein.

von
Hans-Jürgen Kiene

AF284135

Der Autor: Diplom-Ingenieur und Architekt mit Zusatzstudium der Volkswirtschaft, sowie Ausbildung als Heilpraktiker, plante und baute hunderte Häuser - vor allem in gesunder Bauweise - und kümmerte sich schon früh um Zukunftsfragen. Beispielweise sorgte er als ehrenamtlicher, parteiloser und jüngster Bürgermeister seines Bundeslandes mit 4 anderen dafür, dass bei der größten Müllverbrennungsanlage Norddeutschlands die Abluft eine Reinigung erhielt. Oder er wollte das zuständige Ministerium, zusammen mit promovierten Ingenieuren, vor rund 20 Jahren von einer sicheren Atommüllendlagerung im strahlungssicheren, wasserdichten und transportablen Betonbehälter überzeugen. Die Ministerin wollte seinerzeit aber von der Arbeit nichts wissen. Heute wird die freie Lagerung in Norddeutschland unter dicken Lehmschichten angedacht, über denen dann allerdings das Regen- und damit auch das Trinkwasser nachteilig lagern. Nebenbei spielte der Autor noch während der Studienzeit in einer Kapelle die Gitarre und war Helfer bei der Hamburger Flutkatastrophe 1962.

Der Autor schrieb bereits einen bedeutenden Hamburg-Führer, der dort im Rathaus mit Vorwort des Bürgermeisters vorgestellt wurde und weitere wichtige Bücher, wie 2020 „Umwelt- und Lebenserhalt auf unserer Erde. Von der Zeit als Bürgermeister seiner Heimatgemeinde beginnend, war ihm die Förderung und der Erhalt der Kultur besonders wichtig. Darum beschreibt er auch deren Veränderung durch die Politik, die Bevölkerung, die Lebensweise und die Umwelt – mit den Möglichkeiten zum Erhalt und der Verbesserung.

Meinem Enkelkind gewidmet

Hans-Jürgen Kiene

Wir wollen nicht die LETZTE GENERATION sein

z. T. ergänzte Auflage von „Reformationen des Handelns zum Überleben." +
2. Auflage 2023

Der wichtige Klima- und Lebenserhalt.

Bibliografische Information der Deutschen Nationalbibliothek: Die Deutsche Nationalbibliothek Verzeichnet diese Publikation in der Deutschen Nationalbibliografie; detaillierte bibliografische Daten sind im Internet über **dnb.dnb.de** abrufbar.
Imprint:
Wir wollen nicht die LETZTE GENERATION sein.
Copyright: © 2022 by Hans-Jürgen Kiene
Herstellung und Verlag: BoD – Books on Demand, Norderstedt
ISBN: 9783756890392

Inhaltsverzeichnis:

Bitte helfen auch Sie mit, die westliche Kultur und das Klima noch zu erhalten. Verlangen Sie es bitte auch von den Abgeordneten.

Die Einführung:

Im Brief eines Arztes vom 8. 11. 2020 standen m. E. wichtige Sätze, mit denen ich in den nachfolgenden Buchinhalt einführen möchte: „Ich sehe, dass es jetzt überlebenswichtig ist, gemeinsam zu handeln... und den Wandel aktiv voranzutreiben. Einen Wandel hin zu einer Kultur des Miteinanders, der Kooperation, der Wertschätzung, der Vielfalt und der Unterschiedlichkeit sowie des Eingebundenseins in die Kreisläufe der Natur. Eine solch andere Welt ist möglich..." - Diese Gedanken durchziehen auch mit rund 280 Informationen, vornehmlich aus der Medienwelt, den nachfolgenden Inhalt. Vor allem die neuen und immer noch nicht ausreichenden Maßnahmen zur Einschränkung der Klimaerwärmung führten zu diesem Buch, weil ich echte Angst davor habe, dass mein Enkelkind tatsächlich zur „LETZTEN GENERATION" gehört.

Das im Buch später mit der HA-Abkürzung bezeichnete „Hamburger Abendblatt" wird oft zitiert. Deshalb möchte ich gleich zur Einführung kurz ein kleines Zitat des Autoren Iken der gleichen Zeitung wiedergeben: „Die Menschheit rast ins Ungewisse." Und 2022 war die Menschheit, allein durch den Ukraine-Krieg, schon wieder weit gerast.

Lassen Sie mich zusätzlich aus einer neuen Studie (Mitte 2020 in „The Lancet" veröffentlicht) berichten: Der Oxfam-Bericht nannte dazu 20 Millionen Flüchtlinge pro Jahr durch Klima-Katastrophen, (Nachrichtenagentur AFP auf t-online 15. 7. 2020), die dann nach Europa oder auch Deutschland wollen. Über die Probleme und mögliche Lösungen wird nachfolgend auch im Spiegel der noch zulässigen Meinungs-, Wissenschafts- und Pressefreiheit berichtet. Dazu wird dann auch aus den Jahren zwischen 2007 und 2022 zitiert.

Das Herkunftsverzeichnis der aus den aufgezeigten Fernseh- und Presseberichten gebrachten Informationen und Zitate erfolgt jeweils beim Text. Weil die zitierten Autoren viel Mühe aufwandten, nenne ich oft auch ihre Namen und immer die zitierten Medien. Die Links zu helfenden Institutionen oder Behörden und die immer genannten Quellenhinweise, auch zur weiteren Information, sollen zusätzlich behilflich sein, sich der Wahrheit zu nähern.

Für alle Links gilt: „Ich möchte ausdrücklich betonen, dass ich keinerlei Einfluss auf die Gestaltung und Inhalte der genannten Seiten habe, von denen ich mich ausdrücklich haftungsrechtlich distanziere. Der Inhalt wurde sorgfältig erarbeitet. Dennoch kann aus rechtlichen Gründen keine Haftung für den Inhalt für zitierte Stellen übernommen werden. Dabei distanziere ich mich bei Zitaten ausdrücklich von Inhalten, die möglicherweise straf- oder haftungsrechtlich relevant sind oder gegen die guten Sitten verstoßen. - Die Angaben beruhen immer auf den Kenntnissen zur Zeit der Recherche und befreien nicht von der Überprüfung für den konkreten Fall. Deshalb kann auch keine rechtlich verbindliche Zusicherung für die Eignung von Empfehlungen für den konkreten Fall gegeben werden.

7

Kapitel 1
Die Passion des Mordens.

Das Wort Passion kommt aus dem Lateinischen und ist einmal der Hang und die Liebe zu etwas und die Leidenschaft. Es kann also auch der Hang zum Morden sein, der immer wieder die Menschen beunruhigt und tötet. Denken wir nur an die Weltkriege, die Judenverfolgung, den Ukraine-Krieg und das heutige Verhungern von Millionen Menschen durch die Klimaerwärmung..

In der christlichen Liturgie beschreibt die Passion das Leiden und Sterben von Jesus in der Passionsge-schichte. Am Karfreitag wurde er an ein Kreuz gena-gelt, ist gestorben – und am 3. Tage wieder auferstanden von den Toten – das war und ist dann Ostern. (Sitzend zur Rechten Gottes, von wo er kommen wird, zu Richten die Lebenden und die Toten, heißt es.)

Am Mittwoch, dem 13. 4. 2022 begann der Fernsehsender RTL aus der Stadt Essen mit der Aus-strahlung von „die Passion – Life".

„Es sollte ein TV-Highlight werden, doch „Die Passion - Live" spaltete nach Ausstrahlung bei RTL die Gemüter. Rund 2,91 Millionen Menschen haben nach offiziellen Angaben das TV-Projekt angesehen, das entspricht einem Marktanteil von 11,1 Prozent ab 20.15 Uhr am Mittwochabend vor Gründonnerstag. In der Fernsehshow mit Thomas Gottschalk als Erzähler holte der Privatsender kurz vor Ostern die Leidensgeschichte

Jesu in die Jetztzeit während der Primetime. (Im Internet wurde sich vielfach an der Sendung aus Essen abgearbeitet.)

Zu sehen war der einstige „Deutschland sucht den Superstar"-Sieger Alexander Klaws als Jesus. Bei „Die Passion - Live" präsentierte RTL die letzten Tage im Leben von Jesus Christus als moderne Musical-Variante mit deutschen Popsongs. Die Mischung aus modernem Anstrich und theologisch niederschwelliger Ansprache faszinierte und bestürzte, viele Twitter-User machten sich über die Darstellung jedoch auch lustig. „Jedes Kind kennt den Osterhasen. Aber fragen Sie ihren Nachwuchs mal, was in der Karwoche passiert ist", erläuterte Herr Gottschalk den Zuschauern das Musik-Projekt zur Begrüßung. Vielleicht gerade deswegen erzähle man nun „in neuer Form die alte Geschichte".

„Braucht das noch jemand? Noch dazu bei RTL?", fragte er. Aber von ihrer „Dringlichkeit" habe sie nichts verloren, so Gottschalk. „Vor allem in diesen Tagen des Krieges."

Tatsächlich war die RTL-Variante der Christus Geschichte sehr modern umgearbeitet. Jesus kam mit dem Bus nach Essen und das Brot für das Abendmahl holte er sich an einer Imbissbude ab. Currywürste gab es obendrauf. Und altertümliche Gewänder suchte man vergebens" (J. Lanzinger 18. 4. 2022 auf Google).

Thomas Gottschalk, der als Erzähler der Story durch den Abend führte, kontert die Kritiker: „Man hätte sicher einiges anders und besser machen können, aber den Versuch war's sicher wert", so der 71-Jährige im Interview mit „bild.de" (16. 4. 2022). Seine Teilnahme bereue er nicht, verriet Thomas Gottschalk und erklärte: „Dass so ein Versuch in den sozialen Medien bespöttelt wird, war mir klar." (z.T. Google.)

Und „Bild" weiter: „Murat Dagdelen (er ist Moslem, der mitspielte) ‚zoffte' sich als Beauty-Doc mit Michael Wendler im März 2022 wegen eines Attestes, dass Wendler angeblich gefälscht hatte. Wendler zog vor Gericht und gewann."

Ich sah selbst die RTL-Sendung, die die Passion in die heutige Zeit übertrug. Rund 10 Personen trugen dabei ein rund 10 Meter langes und 60 cm breites und leuchtendes Kreuz aus Glas durch Essen und die Menschenmenge. Dazu in „Bild": „Die Aktion war für Dagdelen ein bewegendes Erlebnis. Er: ‚Das Kreuz war 260 Kilo schwer, drei Kilometer haben wir es getragen. Es hat mich sehr berührt!'

Thomas Gottschalk stand allein auf großer Bühne und berichtete von der Kreuzigung - in die heutige Zeit übertragend. Es war bedeutend – vor allem auch deshalb, weil immer weniger Personen zu Ostern die Kirchen besuchen. Ich war zu Ostern in der nur zur Hälfte belegten Kirche. Sie sehen Ostern mehr als Freizeit an.

Gefeiert wird fast nur noch Christi Geburt zu Weihnachten. Dann sind die Kirchen noch voll. Und alle beschenken sich – im Gedenken an das Geschenk der Geburt von Jesus Christus. Alle Christen singen dann „Oh du fröhliche, oh du selige, Gnaden bringende Weihnachtszeit." Oder „Stille Nacht, heilige Nacht, Gottes Sohn, oh wie lacht, Liebe aus deinem göttlichen Mund, da uns schlägt die rettende Stund, Christ in deiner Geburt, Christ in deiner Geburt."

Aber damit noch nicht genug mit der Passion. Alle 10 Jahre wird in Bayern, in Oberammergau, Jesus Christus publikumswirksam gekreuzigt. Am 14. Mai 2022 war es wieder soweit, dass die 42. Oberammergauer Passionsspiele in einem Freilichttheater mit Platz für 4.500 Zuschauer aufgeführt wurden. Der anwesende bayerische Ministerpräsident Söder sagte (zu Bild): „Gesang, Schauspiel und Drehbuch sind sensationell." Und der TV-Moderator Frank Plasberg (64) sagte zu Bild (16. 5.) : „Ich habe geweint."

„Doch wie kam es dazu? Der Legende nach hatte der Tagelöhner Kaspar Schisler, der zum Kirchweihfest nach Hause reiste, die Pest nach Oberammergau gebracht. In kurzer Zeit starben so beinahe 100 Menschen. Um sich vor weiteren Verlusten zu schützen, legten die Oberammergauer 1633 ein Gelübde ab: Sie schworen, alle zehn Jahre ein Spiel vom Leiden, Sterben und Auferstehen ihres Herren Jesus Christus aufzuführen.

Das erste Passionsspiel in Oberammergau fand dann 1634 auf dem Friedhof über den Gräbern der Pesttoten statt, mit damals nur 60 Darstellern. In den darauffolgenden Jahrzehnten hat das Gelübde zum Passionsspiel alles für das Dorf verändert. Aus dem Laientheater wurde nach und nach professionell

11

inszeniertes Theater, das heute weltbekannt ist. Jeder der 1.800 Mitwirkenden muss in Oberammergau geboren sein oder mindestens 20 Jahre dort gelebt haben. Eine Ausnahme gilt nur für Kinder. Insgesamt spielen 1.400 Oberammergauer bei den Passionsspielen mit. Der jüngste Darsteller ist noch ein Baby, der Älteste beinahe 100. Die restlichen 400 Dorfbewohner kümmern sich um Einlass, Kostüme, Bühnenbild und alles andere rund um das Großereignis." (Quelle z. T. : Rudolf Gigler über t-online.) Und rund 450000 Zuschauer sehen sich dann in 103 Aufführungen (Bild 16. 5. 22) die Passion mit der Kreuzigung an.

Doch die Rettung vor der Gewalt und den Kriegen kommt natürlich auch nicht von den Passionsspielen. Denn selbst die angeblich christlichen Russen und die ebenfalls christlichen Ukrainer kämpften gegen einander. Und ihr Patriarch betrieb das Gegenteil von Friedensstiftung. Doch darüber mehr im nächsten Kapitel.

Und als Arbeitsbefreiungstag werden nicht nur zu Weihnachten Christi Geburt und zu Ostern seine Tötung durch die Kreuzigung gefeiert, jeweils mit folgendem, weiterem Feiertag, sondern zusätzlich wird 39 Tage nach dem Ostersonntag die Rückkehr von Jesus als Sohn Gottes zu seinem Vater in den Himmel gefeiert: Deshalb fällt das Fest Himmelfahrt dann immer auf einen Donnerstag.

Doch sodann wird noch 49 Tage nach dem Oster-Sonntag der Pfingstsonntag (der Tag der Ausgießung des heiligen Geistes) – mit dem dann folgenden Pfingstmontag gefeiert. Dazu wird im Neuen Testament der Bibel in der Apostelgeschichte berichtet, dass der „heilige Geist" auf die Apostel und Jünger herabkam, als sie in Jerusalem versammelt waren. Dieser Tag wird bei den Christen auch als Gründung ihrer Kirche verstanden.

Ob nicht-christlich oder aus der christlichen Kirche ausgetreten – oder andersgläubig. Es sind zusätzliche freie Tage: Der Oster-Montag, dann der freie Donnerstag – oder Vatertag genannt, bei dem vor allem die Nicht-Väter feiern und trinken - und zusätzlich der Pfingstmontag. Müssten nicht alle Nicht-christlichen auf die Bezahlung der Feiertage verzichten? Wenn es christlich sogar heißt: ...und am 7. Tage sollst Du ruh'n, dann ist die ganze Welt davon begeistert – und arbeitet nicht. Oder würden dann vielleicht viele, die ihre Kirchensteuern sparen wollten, wieder Kirchenmitglied werden?

Doch nun zurück zur Passion des Krieges und seiner Gefahren: Zwecks Friedensmöglichkeit wollten der Bundeswehrgeneral a. D. Erich Vad im ZDF-Talk von „Maybritt Illner" sowie Politikprofessor Varwick aus Halle dem Putin einen Teilsieg ermöglichen – und Ex-Diplomat sowie Vizechef der Deutschen Gesellschaft für auswärtige Politik Rolf Nikel warnte zusätzlich vor der Gefahr eines Atomkrieges (Bild 23. 4. 2022).

Der Historiker Professor Jörg Baberowski sagte dazu am 27. 4, 2022 im t-online Interview mit Marc von Lüpke: „Als realitätsfern, gar als verrückt haben

13

Beobachter Wladimir Putin nach Beginn des russischen Angriffskrieges gegen die Ukraine bezeichnet. Doch die Wirklichkeit ist schlimmer, denn Russlands Präsident ist sich wohl bewusst, was er tut. Diese Einschätzung trifft mit Jörg Baberowski einer der renommiertesten Osteuropa-Historiker. **Die Frage: „Sehen Sie einen Ausweg, der den Krieg ohne dieses Szenario enden lassen könnte?"**

„Ich habe Zweifel, ob es gelingen wird, durch die Lieferung schweren Kriegsgeräts an die Ukraine den Konflikt zu beenden. Putin wird sich nicht geschlagen geben, weil er sich eine Niederlage nicht leisten kann. Die Folgen eines langwierigen Zerstörungs- und Vernichtungskrieges werden für Russland und die Ukraine verheerend sein. Insofern handelt Bundeskanzler Olaf Scholz weise, wenn er die möglichen Folgen kalkuliert, die sich aus einer Ausweitung des Krieges ergeben könnten. Jetzt kommt es darauf an, einen neutralen Vermittler zu finden, der einen Frieden aushandelt, von dem beide Seiten einen Gewinn haben. Eine andere Lösung kann es gar nicht geben, wenn wir einen langen Zermürbungskrieg verhindern wollen." Die Zwischenfrage: „Was würde Putin denn als ‚ehrenhaft' empfinden, um in seiner Diktion zu bleiben?"„Putin will erreichen, dass die Annexion der Krim akzeptiert wird, vielleicht auch der Donbass preisgegeben wird. In jedem Fall aber möchte er verhindern, dass die Ukraine in die Nato aufgenommen wird.

Wir wissen nicht, was die Ukraine am Ende des Krieges verlangen könnte. Eine Mitgliedschaft in der

Europäischen Union würde ihr jene Sicherheit geben, die sie jetzt nicht hat, weil Russland kein Land angreifen würde, das der Europäischen Union angehört. Wer weiß, ob sich Russlands Aggression am Ende nicht als Pyrrhussieg erweisen könnte. Denn wer möchte denn in einem vom Krieg zerstörten und von Russland besetzten Territorium leben? Und warum sollte die Ukraine nicht auf Zeit spielen, Kompromisse eingehen, weil sie in zehn Jahren vielleicht auf friedlichem Weg erreichen könnte, was jetzt nicht gelingen kann? Was immer auch geschehen wird: Ohne eine Garantiemacht wird es wahrscheinlich keinen Frieden geben können, der den nächsten Tag überdauert."

Am selben Tag, am 27. 4. 2022, hieß die Meldung aus Berlin: „Wochenlang blockierten Kanzler Olaf Scholz (63, SPD) und die SPD-Spitze Panzerlieferungen an die Ukraine. Gestern die Kehrtwende: Die Ukraine bekommt schwere Waffen. Und zusätzlich warnte der Linken-Chef vor einem Atomkrieg, zwei SPD-Abgeordnete dachten an Rücktritt – und sehr viele fürchteten die Abschaltung und damit Teuerung des Gases aus Russland."

Ich möchte hinzufügen: Es sollte dabei bedacht werden, dass sich beispielsweise Dänemark beim letzten Krieg vor einem Militärangriff ergab – und deshalb gab es dort dann auch keinen Krieg – alle lebten im Frieden normal weiter. Da aber das große Russland es sich nicht erlauben kann, gegen die kleine Ukraine zu verlieren, ging und geht der Krieg weiter und hätte sogar zum Atomkrieg gegen die Nato führen können, weil die immer an die Ukraine Waffen lieferte. Insoweit war die

15

Zurückhaltung des Bundeskanzlers Scholz bezüglich Waffenlieferungen logisch richtig. Und beim Frieden sinkt auch die Inflation – und Gas ist wieder da.

Und schon 2 Tage nach der Meldung aus Berlin, nämlich am 29. 4. 2022 wurde ein Bericht aus der Süddeutschen Zeitung wiedergegeben, den ich – wegen der großen Bedeutung – wörtlich wiedergebe:

„Der Philosoph und Soziologe Jürgen Habermas warnte in der ‚Süddeutschen Zeitung' vor einer weiteren Eskalation des Krieges. Mit jedem Toten, mit jedem Kriegsverbrechen, die Russlands Invasionsarmee in der Ukraine zu verantworten habe, steige unter den Zuschauern im Westen die Erschütterung – und der Wunsch, auch etwas dagegen zu tun", schrieb er in einem Gastbeitrag.

Der emeritierte Professor stellt sich hinter die Art und Weise, wie die Bundesregierung derzeit handele. Ihn irritiere „die Selbstgewissheit, mit der in Deutschland die moralisch entrüsteten Ankläger gegen eine reflektiert und zurückhaltend verfahrende Bundesregierung auftreten".

Erst nach langem Zögern hatte Bundeskanzler Olaf Scholz die Lieferung schwerer Waffen an die Ukraine in Betracht gezogen. Die Union hatte mit einem eigenen Antrag gedroht, schließlich kam es doch zu einer Einigung: 50 Marder-Panzer wurden geliefert.

Habermas konnte die abwartende Haltung nachvollziehen: „Der Westen stecke durch seinen Entschluss,

16

nicht zur Kriegspartei werden zu wollen, zweifelsohne in einem Dilemma, schrieb der 92-Jährige. Er müsse zwischen den Risiken einer Niederlage der Ukraine und der Eskalation eines begrenzten Konflikts zum Dritten Weltkrieg abwägen – und das gewissermaßen im Blindflug: Letztlich entscheide Russlands Präsident Wladimir Putin darüber, ab welchem Punkt er die Unterstützung des Westens für die Ukraine als formalen Kriegseintritt betrachte. Zwar kenne Russland diese ‚Asymmetrie'- allerdings wolle der Westen sich nicht erpressen lassen", so Habermas. „Der Entschluss zur Nichtbeteiligung bedeutet nicht, dass der Westen die Ukraine 'up to the point of immediate involvement' (bis zum Punkt eines unmittelbaren Einschreitens) dem Schicksal ihres Kampfes mit einem überlegenen Gegner überlassen muss."

Habermas erlebte als junger Mensch die Schrecken des Zweiten Weltkrieges. Er übt Kritik an jenen, die aus sicherer Entfernung Ratschläge geben. „Die kriegstreiberische Rhetorik verträgt sich schlecht mit der Zuschauerloge, aus der sie wortstark tönt", schrieb der Frankfurter Soziologe. „Und sie übersehe, dass Kriege gegen eine Macht, die neben einer beachtlichen Landstreitmacht auch über Atomwaffen verfüge, nicht mehr im herkömmlichen Sinne ‚gewonnen' werden könnten."

„Dass die deutsche Ostpolitik seit jeher auf Dialog ausgelegt war – anders als bei einigen Verbündeten –, sei gut begründet. Politisch-mentale Differenzen, die sich aus ungleichzeitigen historischen Entwicklungen

17

erklären, dürfen sich Verbündete nicht zum Vorwurf machen", schrieb der Philosoph.

Beim russischen Präsidenten Wladimir Putin sah Habermas Anzeichen der Schwäche. „Dem Bild des ‚wahnhaft getriebenen Geschichtsnostalgikers‘ stehe ein Lebenslauf des sozialen Aufstiegs und der Karriere eines im KGB geschulten, ‚rational kalkulierenden Machtmenschen gegenüber“ analysierte der Sozialkritiker. Putin beginne aber wegen der Westwende der Ukraine und Widerstandsbewegungen wie in Belarus, um seine Macht zu fürchten.“

„Jürgen Habermas gehört zu den bedeutendsten noch lebenden deutschen Denkern. Er zählt zur zweiten Generation der Frankfurter Schule, die maßgeblich von den Philosophen und Soziologen Theodor W. Adorno und Max Horkheimer begründet wurde. Habermas lehrte an der Frankfurter Johann-Wolfgang-Goethe-Universität und gilt als einer der meist rezitierten deutschen Philosophen. Er nimmt immer wieder zu aktuellen politischen Themen Stellung, zuletzt über die Rolle der Grundrechte bei den Maßnahmen der Corona-Pandemie. Als Anhänger der ‚kritischen Theorie‘ sieht Habermas es als seine Aufgabe an, Ideologien zu hinterfragen und Herrschaftsstrukturen aufzudecken.“

Habermas erlebte zwar als junger Mann die Schrecken des 2. Weltkrieges. Das war allerdings im ganz jungen Alter. Dabei erlebte er dann wohl nicht die Schrecken der deutschen Nazis, die fast sämtliche Juden in Deutschland töteten. Und immer gab es dabei auch anders denkende und helfende Menschen, wie

18

beispielsweise den Unternehmer Oskar Schindler, der 1200 jüdische Mitarbeiter als unabkömmlich meldete und damit rettete. Seine jüdische Sekretärin Mimi Reinhardt lebte durch diese Freude, wie ihr Sohn sagte (in Welt am Sonntag zu Ostern 2022), 15 Jahre länger und starb in Israel mit 107 Jahren. - Ich selbst erinnere noch, dass meine Mutter sich krank stellte und dadurch einen Juden als Pflegekraft rettete.

Aber überall kämpfen immer wieder Menschen gegeneinander, obwohl dies nach der Bibel im Christentum untersagt ist. Und bei den Moslems ist es entsprechend. Ahmed al Tajib (der oberste Würdenträger des Islam 2019) sagte dazu: „Aber auch im Koran steht ganz klar an mehreren Stellen, dass man nicht töten darf." Und er sagte sogar: „Umarmt weiterhin überall eure christlichen Brüder, als seien sie eure Partner."

Die Passion des Mordens erfolgte aber auch durch die durch Russland verhinderte Kornausfuhr der Ukraine, verbunden mit gleichzeitiger Klimaerwärmung. Die Tagesschau zeigte dazu am 11. 6. 2022 wie die Menschen in Somalia am Horn von Afrika, auch durch 9 ausgefallene Regenzeiten, verhungerten. Hunderttausenden drohte dort der Hungertod – und Kinder werden als Gerippe gezeigt. Am 12. 8. 2022 ging die Ausfuhr dann aber wieder los.

Zum Osterfest beschrieben Christine Kensche und Lucas Wiegelmann in der WELT AM SONNTAG den über 2000 Jahre alten Bericht über das Leben und Sterben von Jesus Christus: „Heute konserviert und analysiert die israelische Altertümerbehörde Schriftartefakte, die manchmal über 2000 Jahre alt sind, darunter die berühmten Pergamentrollen, die 1947 in den Höhlen von Qumran am Toten Meer gefunden wurden.

Im römischen Reich, dass sich zu jener Zeit um das gesamte Mittelmeer herum – und Westeuropa bis Südengland erstreckte, wurde die Kreuzigung als entehrende Todesstrafe über sogenannte Schwerverbrecher, soweit sie nicht römische Bürger waren, verhängt. Und dies war Jesus nicht. Erst der römische Kaiser Konstantin der Große schaffte 305 die Kreuzigung ab.

Goethe schrieb in seinem Ostergedicht am Schluss: „Hier ist des Volkes wahrer Himmel. Zufrieden jauchzet groß und klein: Hier bin ich Mensch, hier darf ich's sein."

Doch vom Christentum war im Ostergedicht von Goethe nicht die Rede. Und wie ist es heute um das Christentum im angeblich christlichen Europa, den USA sowie Südamerika, Südafrika und Russland bestellt?: Immer schlechter! Später berichte ich deshalb auch über die 2022 von katholischen Frauen geforderte Reform des Katholizismus. Allerdings bemühte sich auch 2022 vor allem der Papst aus Rom um die Einhaltung christlicher Werte und um den Frieden. Doch darüber mehr im nächsten Kapitel.

Zusätzlich tragen Kriege und die Waffenherstellung bedeutend mit zur Klimaerwärmung bei.

Kapitel 2:
„Alle Menschen werden Brüder" – oder Gegner.

Der berühmte Dichter Friedrich Schiller schrieb 1785 für die Dresdner Tafel der Freimauer, auf Bitten seines Freundes und Mäzen Körner, die „Ode an die Freude". Die heute bekannteste Vertonung des Gedichts stammt von dem weltberühmten Komponisten Ludwig van Beethoven in seiner 9. Sinfonie, die auch ein wichtiger Teil der abendländischen Kultur ist. Seit 1972 ist sie als Instrumentalversion sogar die offizielle Hymne der Europäischen Union (EU).

Fast in der gesamten kulturell weiter entwickelten Welt wird dann die Strophe „Ode an die Freude" als letzter Satz in der 9. Sinfonie von Beethoven von einem großen Chor und Solisten gesungen:

Freude schöner Götterfunken,
Tochter aus Elysium,
wir betreten feuertrunken,
himmlische, dein Heiligtum!
Deine Zauber binden wieder,
was die Mode streng geteilt;
alle Menschen werden Brüder,
wo dein sanfter Flügel weilt.

„Alle Menschen werden Brüder." - Vielleicht ändert sich zukünftig doch etwas, da sogar der Irak den Papst bei seinem dortigen Besuch mit einem Feiertag ehrte.

Zehntausende Christen, Jesiden und Muslime waren seinerzeit vor Erpressung, Folter und Mord vor der IS geflohen. Heute leben aber im Irak noch 250.000 bis 400.000 Christen. Und zu Beginn seines Besuches Anfang März 2021 im Irak traf sich der Papst auf dem Kirchenplatz in Mossul vor einer zerstörten Kirche mit Priestern und ließ aus der Hand eine Friedenstaube aufsteigen. Er sagte, es sei grausam, dass Tausende vertrieben, getötet und dass Kulturstätten in dieser „Wiege der Zivilisation" zerstört worden seien.

Nach dem Besuch in Mossul flog der Papst dann mit dem Hubschrauber zu der mehrheitlich von Christen bewohnten Stadt Karakosch. Die waren begeistert und gaben ihm ein Bad in der Menge. Am Tag zuvor hatte sich der Papst bereits mit dem einflussreichen schiitischen Großajatollah Ali Al-Sistani in dessen Wohnung im südirakischen Nadschaf getroffen. Der versicherte, künftig persönlich darauf hinzuwirken, dass Christen im Irak „in Frieden und Sicherheit" leben könnten. Danach kam der Papst bei einem interreligiösen Treffen mit Vertretern der Christen, des Islams und der Jesiden zusammen. Nur die Juden fehlten.

Bei der irakischen Politik hinterließ dieses Treffen solch großen Eindruck, dass deren Ministerpräsident Mustafa Kasimi diesen 6. März zum „**Nationalen Tag der Toleranz und Koexistenz**" als Feiertag erklärte. Das ist wichtig, denn würde dies dann überall gelten gebe es keine Kriege und Flüchtlinge mehr.

Gut wäre es also, wenn auch in Europa dieser Feiertag eingerichtet werden würde. Beispielsweise könnte evtl.

in Deutschland sogar der Feiertag „Allerheiligen" entsprechend umbenannt werden. Dann hätten alle Deutschen die selben Feiertage – und den „**Nationalen Tag der Toleranz und Koexistenz.**"

Darf ich noch erwähnen, dass es Tausende oder Millionen Mitbürger gibt, die in Nächstenliebe anderen über Vereine oder direkt helfen.

Trotzdem gibt es immer wieder Menschengruppen, die Ideen, Religionen oder einen Machtanspruch durchsetzen wollen. Und das sind die Gefahren, die dann zu unsinnigen Kriegen oder Verfolgungen führen können.

Anfang 2022 entfernte man sich teilweise wieder von der Idee: „Alle Menschen werden Brüder." Aber wiederum war es der Papst Franziskus, der für Frieden – auch in der Ukraine – plädierte und sich wunderte, dass sich das Oberhaupt der dortigen christlichen Kirche nicht für die Versöhnung von Russland und der Ukraine einsetzte. Doch lesen sie selbst die Meldung vom 3. Mai 2022 (auf t-online):

„Papst Franziskus hat nach eigenen Angaben um ein Treffen mit dem russischen Präsidenten Putin in Moskau gebeten, um sich für ein Ende des Krieges einzusetzen. Er habe aber keine Antwort erhalten, sagte das Oberhaupt der römisch-katholischen Kirche der italienischen Zeitung "Corriere Della Sera".

Der Papst äußerte sich auch zur Rolle des Patriarchen der russisch-orthodoxen Kirche, Kyrill: Dieser könne "nicht Putins Messdiener werden". Der Patriarch hat

Putins Vorgehen in der Ukraine öffentlich unterstützt und damit Irritationen auch in Teilen der orthodoxen Kirchen ausgelöst. Der Papst kritisierte Russlands Angriff auf die Ukraine und hat unlängst ein geplantes Treffen mit Kyrill abgesagt." Doch damit noch nicht genug: Im Interview mit der Zeitung gab der Papst Franziskus der Nato eine Mitschuld an Putins barbarischem Angriffskrieg. Die Nato-Osterweiterung bezeichnete der Papst als „Bellen" der Nato vor Russlands Tür. - Daneben stand dann: „Prominente rufen nach Waffenlieferungen für die Ukraine." (3. 5. 2022 in Bild).

Am 15. 1. 2022 lautete zuvor die Meldung (t-online): „Rund acht Stunden in Genf, vier Stunden in Brüssel und zum Schluss noch einmal fünf Stunden in Wien – in drei Gesprächsrunden sind russische und westliche Spitzendiplomaten der Sicherheit in Europa keinen Schritt näher gekommen. Schon bei ihren Zielen lagen die Konfliktseiten auseinander. Während die Gesandten von Kremlchef Wladimir Putin über ein Ende der Nato-Osterweiterung und andere Sicherheitsgarantien verhandeln wollten, ging es der Nato und den USA vor allem darum, Russland zu einem Abbruch des Truppenaufmarsches an der Grenze zur Ukraine zu bewegen.

Kreml-Strategen nehmen das selbstbewusste Heranrücken der westlichen Bündnisse nicht nur als Herausforderung, sondern als Bedrohung wahr. Gepaart mit dem von Putins Leuten geschürten National-chauvinismus wird der Wunsch genährt, das Rad der

24

Geschichte zurückzudrehen und Russland wieder als östliche Weltmacht zu etablieren."

Und zuvor hieß dazu die Meinung (t-online): „Auf die daraus resultierende aggressive Politik eine Antwort zu finden, damit tun sich die EU-Länder bislang schwer." Deutschland hielt trotz vehementer Kritik seiner Verbündeten an der Gas-Pipeline Nord-Stream 2 fest und beantwortete den russischen Auftragsmord im „Kleinen Berliner Tiergarten" mit einem harmlosen Protestchen. Polen und die baltischen Staaten dagegen setzten auf Härte und klammerten sich an den militärischen Schutz der USA. Frankreich versuchte sich mit eigenen diplomatischen Initiativen zu profilieren.

Und der EU-Außenbeauftragte Joseph Borrell saß zwischen allen Stühlen, weshalb er weder in Moskau noch in Washington richtig ernst genommen wurde. Beim EU-Außenministertreffen mit Annalena Baerbock wurden Fortschritte erzielt, aber es blieben Widersprüche.

Am 18. 1. 2022 kam allerdings schon die Meldung über t-online vom Tagesspiegel: „Der frühere SPD-Chef und Außenminister Sigmar Gabriel fordert angesichts eines drohenden Angriffs Russlands auf die Ukraine einen Kurswechsel von Kanzler Olaf Scholz in der Russlandpolitik. ,Eigene Stärke in Verhandlungen bekommt man nur, wenn man der russischen Drohung eines militärischen Einmarsches in der Ukraine ernsthaft etwas entgegensetzt', sagte Gabriel dem Tagesspiegel".

„Russland muss den Preis für einen Krieg in Europa kennen. Natürlich kann Nord Stream 2 nicht kommen, wenn Russland die Ukraine angreift." Russland würde damit die Voraussetzungen für die Zustimmung Deutschlands zu dem Pipelineprojekt zerstören. Denn es war in den Verhandlungen mit Russland immer klar, dass die Integrität und sogar die Nutzung der Pipeline durch die Ukraine durch Russland nicht infrage gestellt wird. Insofern war es nie ein rein wirtschaftliches Projekt, sondern immer an politische Bedingungen geknüpft, die der russische Präsident immer akzeptiert hat", betonte Gabriel. „Auch in Gesprächen mit ihm als Minister persönlich habe das Wladimir Putin zugesichert."

Und weiter wird der frühere Außenminister zitiert mit: "Ich würde mich wirklich als einen Entspannungspolitiker bezeichnen, der den Ausgleich mit Russland sucht. Aber bei der Androhung von Krieg ist bei mir jedes Verständnis vorbei. Ohne eine gemeinsame Strategie für den Umgang mit Russland werden die EU-Staaten mit ihrem Krisenmanagement im Osten scheitern – egal, ob es um Belarus, Armenien oder die Ukraine geht. Die Bundesregierung sollte daher ihre Energieversorgung nicht mehr national, sondern im europäischen Kontext planen. Die Dinge einfach laufen zu lassen, ist kurzsichtig und riskant."

Mitte Mai 2022 hatte die Berliner Regierung ihren Kurs gegenüber Russland dann geändert. Und die Meldungen lauteten (z. B. von David Schafbuch in t-online 11. 5. 2022):

„Als das russische Bataillon den Fluss Siwerskyj Donez überqueren wollte, schlugen die Ukrainer zu: Der Verlust an der Brücke über den Siwerskyj Donez dürfte Putins, bei der dutzende Panzer verloren gingen, Invasionsarmee schon rein rechnerisch weh tun.

Wegen des russischen Angriffskrieges gegen die Ukraine wollten dann Finnland und Schweden rasch Teil der Nato werden – entgegen der Drohungen aus dem Kreml.

Der Beitritt der Ukraine zur Nato war dem Kreml immer ein Dorn im Auge. Nun könnte Putin mit seinem Krieg indirekt eine Norderweiterung ausgelöst haben. Das hätte für das Bündnis Vorteile. Aber für den Frieden?

Wie hat der heute vor 400 Jahren geborene französische Dramatiker Molière geschrieben: ‚Wir sind nicht nur für das verantwortlich, was wir tun, sondern auch für das, was wir nicht tun.' Aktueller kann ein Satz nicht sein."

Bei allem wird vergessen, dass der Nord-Atlantische-Verteidigungspakt (Nato) von Russland als Bedrohung angesehen wird – und allein deshalb von Russland der Eintritt der Ukraine in die Nato als große Bedrohung betrachtet wurde. Ebenso ist die Weigerung die Milliarden teure Gasleitung Nord-Stream 2 nicht zu benutzen ein Schaden für Russland – aber auch für Deutschland – mit dann höheren Energiepreisen. Insoweit wäre für Deutschland und Europa eine Einigung, unter Beachtung auch russischer Interessen,

27

von großem Vorteil. Und zusätzlich wollten Finnland und Schweden 2055 auch in Nato. Jeder Krieg könnte Europa auslöschen. Er wäre noch dümmer als der vergangene Weltkrieg.

Der Krieg von Russland gegen die Ukraine ist auch bereits ein Krieg gegen die Nato, denn die Kriegsgerätelieferungen kosten Geld. Das fehlende Korn aus der Ukraine erhöht die Preise. „Bild-Überschrift vom 15. 6. 2022: „Normales Essen wird zum Luxus." Und am selben Tag hieß die Hauptüberschrift im „Hamburger Abendblatt: „E.on erhöht den Gaspreis in Hamburg um 57 Prozent." „Bezogen auf einen Jahresverbrauch von insgesamt 20.000 kWh erhöht sich die Gasrechnung im nächsten Winter von 1.761 € auf 2.657 € für die Hamburger." Wenn gem. Aufstellung „Bild" 13. 6. 2022 rund 50 % der Rentner nur zwischen 350 € und 1000 € Rente erhalten, so ist allein diese Gaserhöhung bedrohlich.

Am selben Tag wurden mir Aktien gegen die Inflation angeboten, weil die öffentlichen Schulden der westlichen Welt schon rund 300 Billionen Dollar betragen sollen. Und wieder am selben Tag wurde von Russland die Gaslieferung z. T. eingestellt. Woher das Gas? Woher das Korn für das Brot? Woher das Geld? - Und zusätzlich das Geld für Corona. Woher? Alles wegen des Streits zwischen Ost und West.

Toleranz und Koexistenz sollte alle davon abhalten. Selbst beim G7-Gipfel Mitte Juni 2021 (und 2022) – und immer wieder – sollte dies – ein solcher Feiertag sein.

28

Die Hamburger Friedensforscher vom Institut für Friedens- und Sicherheitspolitik (IFSH) forschen bereits seit 50 Jahren wie sich Konflikte zwischen Staaten lösen lassen und Gewalt verhindert werden kann. Dem Institut zufolge wird heute mehr für Rüstung ausgegeben als zu den Zeiten des kalten Krieges. Noch mehr Staaten seien mittlerweile im Besitz von Atomwaffen. ‚Es wird geopolitisch gedacht, Rivalitäten spielen wieder eine größere Rolle. Das sehen wir in den USA, in Russland, in China,' sagte die Politikwissenschaftlerin und Leiterin des Instituts Prof. Ursula Schröder.

Toleranz und Koexistenz brachten auch die Einheit Europas und besonders Deutschlands durch Michail Gorbatschow, der 2022 unter großer Anteilnahme, besonders aus Deutschland, starb. Alle Zeitungen schrieben darüber und Bild brachte am 1. 9. eine Seite mit: „Dankbar für Deutschlands glücklichste Stunde." mit einem Nachruf von Wolfgang Schäuble. Der schrieb u. a. : „Ohne ihn war Deutschlands glücklichste Stunde – der Fall der Mauer und die Einheit in Frieden und Freiheit – so nicht vorstellbar."

Es muss also nicht nur für die Umwelt, sondern auch für den Frieden viel getan werden, um zu überleben. Packen wir es an! Fordern wir von allen den „**Nationalen Tag der Toleranz und Koexistenz.**" Lösen wir dazu auch die Flüchtlingsprobleme in Europa so, dass „die westliche Kultur" erhalten bleibt – und nicht untergeht.

29

Kapitel 3:
„Das Schlaraffenland ist abgebrannt."

Professor Horst Opaschowski leitete 1979 bis 2010 die Stiftung für Zukunftsfragen. Auf die Frage von Martina Tabel: „Und was kommt auf die Bürger zu?" (15. 7 2014. HA) antwortete er unter anderem: „Es drohen massive Rentenkürzungen." Opaschowski forderte dagegen eine „flexible Altersgrenze zwischen 60 und 70." Und „wenn wir nicht gegensteuern, kommt eine Südamerikanisierung der Verhältnisse" Er forderte sodann „eine neue **Generation V. Es geht um Vertrauen, Verlässlichkeit und Verantwortung.**" Auch die Bürger sollen der Regierung künftig auf die Finger klopfen. Und dann sagte er: „Dennoch gibt es ein Umdenken. Viele setzen nicht mehr auf Wachstum, Wachstum, Wachstum. Da spielt auch der Umweltgedanke hinein. Statt Wohlstand rückt das persönliche und soziale Wohlbefinden in den Vordergrund." – Und: **„Das Schlaraffenland ist abgebrannt"**

Das sagte der Fachmann bereits Mitte 2014. Am 13. 4. 2016 hieß als Bestätigung die Überschrift: „Jedem Zweiten droht Altersarmut" (HA). Und schon am 22. 4. 2016 folgte die Überschrift: „Müssen wir bald bis 70 arbeiten?" Gleich daneben stand: „Nur jeder dritte junge Mensch spart für das Alter. 38 Prozent fehlt das Geld für die Vorsorge." Am 27. 5. 2016 veröffentlichte (dpa auf t-online.de) das Institut der deutschen Wirtschaft den Bericht: „IWgo mit Schock-Prognose. – In 25 Jahren können wir erst mit 73 in Rente gehen." Allerdings wurden und werden in Deutschland die

Renten bislang jährlich etwas erhöht. Doch Mieten und Inflation stiegen und steigen schneller. Hinzu kommen die Corona- und Asylanten-Ausgaben – und 2021 wurden die Renten erstmals nicht erhöht – aber 2022. Stattdessen gaben die Grünen an, sie wollten Hartz IV erhöhen. Doch davon später mehr. Aber im Mai 2022 hieß es dann ernsthaft: Die Rente müsste erst mit 70 kommen. Dabei wird nicht berücksichtigt, dass schwere körperliche Tätigkeit meistens mit 70 Jahren nicht mehr geleistet werden kann.

Karin Baier, die Intendantin vom Deutschen Schauspielhaus in Hamburg sagte im Gespräch mit Maike Schiller vom „Hamburger Abendblatt" über: „Die Unterwerfung" 2016: „Wir sind faul, bequem und satt – gleichgültig". - Im nächsten Kapitel wird beschrieben, wie mit etwas weniger Faulheit eine großer Teil der Probleme gelöst ist.

Wie zur Bestätigung hieß es dann am 8. 6. 2021 (Bild): „Regierungsexperten wollen RENTE KÜNFTIG ERST MIT 68" – Wegen „schlagartig steigender Finan-zierungsprobleme." Denn die Menschen werden älter. Im selben Jahr musste der Bund 106 Milliarden zur Rentenkasse an € zuschießen und 2021 sogar rund 120 Milliarden. Am Tag darauf wurde von der FAZ berichtet: „Blick in den Abgrund. Es drohen gigantische Steuererhöhungen." - „Das Rentensystem steht vor dem Ruin." „Das sagte auch Rentenpapst Prof. Berd Raffelhüschen (Uni Freiburg)" Und er sagte weiter: „Am Ende wird uns das Rentensystem um die Ohren fliegen." Die Rentenbeiträge müssten um 10 Punkte auf 28% steigen. Oder der Steuerzuschuss steigt von jetzt 30% auf die Hälfte des gesamten

Bundeshaushalts" (Bild 9. 6. 2021). Eine andere neue Studie meinte, die Rente müsste von 19 auf 27 % steigen (9. 6. 2021 mak/t-online), also Teuerung um 8 Prozent. Gut für die grüne Idee, den Spritpreis zu erhöhen, um das Autofahren einzuschränken.

Diese Meldung war 2 Tage nach der Landtagswahl in Sachsen-Anhalt, bei der die CDU durch ihren dortigen Ministerpräsidenten Reiner Haseloff mit 37,1 % gewann. Fast alle waren begeistert. Und die „Bild-Zeitung" nannte „die große Koalition der Vernünftigen" mit 1. Malu Dreyer, (Rheinland-Pfalz, SPD) 2. Winfried Kretschmann, (Baden-Württemberg Grüne) 3. Boris Palmer (Tübinger OB Grüne), 4. Reiner Haseloff (Sachsen-Anhalt, CDU), 5. Herbert Reul (NRW-Innenminister, CDU), 6. Karl-Josef Laumann (NRW-Gesundheitsminister, CDU), 7. Claudia Bogedan, (Bremer Bildungssenatorin, SPD), 8. Wolfgang Kubicki (Bundestags-Vize, FDP).

Mit 68, 70 oder später sogar erst mit 73 in Rente zu gehen heißt zusätzlich, dass viele Fünfzigjährige, die arbeitslos werden und dann häufig keine Arbeit mehr bekommen, dann 20 bis 25 Jahre lang arbeitslos sind, nachdem sie zuvor – vor allem wegen längerer Schul- und Studienzeiten – auch nur 20 bis 25 Jahre gearbeitet haben. Sie erhalten dadurch noch weniger oder kaum Rente. Bereits 2016 betrug deshalb der Anteil der arbeitenden Rentner 14,5 Prozent. Eine in Deutschland dann Ende 2019 angedachte Grundrente für 2021 sollte erst ab 35 Jahren Renteneinzahlungen gelten. Sie bringt dann denen mit der geringsten Rente auch nichts.

Allerdings sind die Beamten-Pensionen fast doppelt so hoch wie die Renten. Am 28. 12. 2022 brachte die Zeitung „Bild" „Die WAHRHEIT über die Kluft zwischen Renten und Pensionen." Durchschnittlich betrugen in der gebrachten Tabelle 2021 die Bundesbeamten-Pensionen 3250 € und die Altersrenten 1108 € pro Person. Auch deshalb hieß am 23. 1. 2023 die Überschrift in der gleichen Zeitung: Immer mehr Rentner müssen zum Sozialamt.

Aber auf der Seite 3 standen dann: Fast 3.000 € für 5 Personen als Bürgergeld (oder früher Hartz IV). Dazu war die Familie mit 3 Kindern und den Eltern abgebildet. - Und rechts davon war ein Arbeitender abgebildet, der als Arbeitsloser 1675 erhalten hätte. Aber als Arbeitender erhielt er nur 1625 € brutto.

Darunter wurde erklärt: Wer arbeitslos wird hat zunächst für maximal 24 Monate Anspruch auf 60 – 67 % seines früheren Lohnes als Arbeitslosengeld. Nach dieser Zeit kann man das Bürgergeld mit 502 € für Erwachsene und 420 € pro Kind ab 6 Jahren (darunter 318 €) erhalten. Hinzu kommen ja immer Heizung, Miete + Elektro. Die zuerst genannte Familie erhielte dann also neu: 1004,- (=2x502,-) + 636,- (=2x318,-) + 420,-). Zusammen 2056,- € + Miete, Heizung, Elektro = evtl. wieder 3.000,- €.

Aber am 3. 6. 2022 wurde aus Berlin von Michael Hübner berichtet, dem Direktor des Instituts der deutschen Wirtschaft, und zwar über die neue Idee einer etwas längeren Arbeitszeit. (HA): „Länger arbeiten statt später in Rente. Der Fachkräftemangel droht die Inflation zu verschärfen. Ökonom fordert 42

33

Stunden Woche." Und dazu hieß es: „Durchschnittliche Wochenarbeitszeit sinkt in Deutschland seit 1991." Die Schweizer arbeiten dagegen 2 und die Schweden 1 Stunde mehr in der Woche. - 2 Stunden mehr brächten auch entsprechend mehr Lohn, im Monat bei 30 €/Std. dann 240 € - und im Jahr, dann fast zweitausend-neunhundert EURO. Ein Urlaub in Spanien zusätzlich. Oder die höheren Preise durch den Ukraine-Krieg wären ausgeglichen.

In derselben Zeitung stand am selben Tag auch: „Bedarf an Fachkräften in der Stadt wächst. Handelskammer fordert zum Handeln auf und warnt vor Katastrophe." - Bei 2 Stunden Mehrarbeit pro Woche ergäbe dies 96 Stunden im Jahr – und die Katastrophe wäre beseitigt. Die Arbeitnehmer, der Staat und die Unternehmer hätten auch mehr an Einnahmen, und allen ginge es besser.

Am 23. 6. 2022 berichtete die Bild-Zeitung: „Überall Personalmangel – Flughafen-Chaos." Aber mir wurde dazu berichtet, dass viele zuvor, auch die Lufthansa, wegen fehlender Kunden durch Corona Mitarbeiter entlassen hatten. Aber weiter stand in dem Bildbericht, dass nach IAB rund 1,7 Millionen Stellen unbesetzt sind. Aber es folgte, dass der Arbeitsmarktexperte Schäfer rechnete, dass bis 2031 rund 5 Millionen Beschäftigte fehlen werden.

Am 4. 5. 2021 brachte t-online (von Nele Behrens): „Experte: Die Armut frisst sich in die Mitte der Gesell-schaft." Viele können es sich schlicht nicht mehr leisten (47 % der Männer und 40 % der Frauen können dies nur noch.). Ihr Verdienst reicht oft gerade einmal aus, um etwa die Miete und Lebensmittel zu bezahlen. Die Rentner sind dann besonders von der Armut betroffen.

Sie verstanden noch, was die Menschen bewegt. Denn darunter stand dann der Bericht: „Versteht man in Berlin noch, was die Menschen bewegt?" Wohl nicht? Am 21. 5. 2022 hieß dazu die Presseüberschrift: „Ampel genehmigt sich 9.600 neue Stellen." Das ist dann auch fast ½ Million Zusatzausgaben. Aber spielt das noch eine Rolle?

Und nur eine Woche später stand der Gastbeitrag von Professor Dr. Lüder (28. 5. 2022 HA) in der Zeitung: „Liebe Bundesregierung, macht munter weiter Schulden…!" Und dann brachte er die Schulden-Tatsachen: Die EU beschloss 2020 sich mit über 750 Milliarden € zu verschulden: 390 Milliarden an die Mitgliedsstaaten als Geschenk und 360 Milliarden als Darlehen. „Außerdem wurden die Vorschriften des Stabilitätspakts und des Fiskalpakts für die nationale Staatsverschuldung der Euro-Staaten ausgesetzt….Sie schreiben strenge Regeln vor. Erstens darf die Gesamtverschuldung eines EURO-Staates 60 % des Bruttoinlandsprodukts (BIP) nicht überschreiten. Zweitens muss der Staatshaushalt strukturell ausgeglichen sein., also im Mittel eine Neuverschuldung von 0 % ausweisen. Vor allem die südeuropäischen Staaten haben sich nie daran gehalten, ihre Schulden immer weiter erhöht. Dafür sind zwar Sanktionen vorgesehen. Die wurden aber noch nie verhängt."

Und dann schrieb der Professor zur Verschuldung fast unglaubliches: Im vergangenen Jahr erreichte Frankreich 116 % des BIP, Spanien 120 %, Portugal

131 %, Italien 155 % und Griechenland 207 %. Das Geld wird ausgegeben: In Deutschland übernimmt der Staat 20 % der Kosten, wenn man sein Haus dämmt und die Heizung erneuert. „In Italien sind es sage und schreibe 110 Prozent." Wenige Tage später beschloss die Bundesregierung für die Modernisierung der Bundeswehr 100 Milliarden auszugeben. Und außerdem sollte das „Klimageld für alle Normal- und Geringverdiener kommen (also für alle?) (HA 28. 5. 2022).

Am 1. 6. 2022 brachte das T-Online dann „life" die Bundestagssitzung über die Geldausgaben – und zusätzlich diese Ausgaben in nachfolgendem Bericht::

Am 3. 6. 2022 beschloss der Bundestag den Bundeshaushalt für das Jahr 2022: „495,8 Milliarden Euro sollen ausgegeben werden, 11,9 Milliarden Euro mehr als im Vorjahr. Insgesamt wird eine Neuverschuldung von 138,9 Milliarden Euro angehäuft, was rechtlich überhaupt nur möglich ist, weil in diesem Jahr noch die Schuldenbremse ausgesetzt ist.

Die Koalition gibt viel Geld aus, macht reichlich Schulden – und weitere Ausgaben sind schon geplant. Mancher wirft bereits ganz offen die Frage auf, ob man wirklich nächstes Jahr wieder die Schuldenbremse einhalten könne. Andere frotzeln schon, es wirke, als würde man sagen, die Rechnung zahlen die Kinder. Wie lange trägt diese Politik das Geldausgebens noch? Und was sind die Alternativen?

Besonders im sogenannten Ergänzungshaushalt, quasi einem Update für den eigentlichen Haushalt, wird

36

diesmal mit enormen Summen hantiert, um die Folgen des Ukraine-Krieges abzufedern. Es gibt einen Sofortzuschlag für Familien mit Kindern sowie einen Heizkostenzuschuss. Der Grundfreibetrag für Steuerzahler sinkt. Der FDP-Tankrabatt soll, wenn auch eventuell später als geplant, über drei Monate den Spritpreis drücken. Ebenfalls enthalten ist eine Energiepreispauschale von 300 Euro für Erwerbstätige.

All' das soll dazu dienen, die Menschen angesichts steigender Preise irgendwie zu entlasten. Denn die **Inflation**, also die Teuerungsrate, liegt aktuell 2023 bei rund 8 Prozent. Und 65 Prozent der Deutschen glauben laut einer Umfrage von Forsa für RTL/n-tv, die Bundesregierung müsse mehr tun, um die Inflation zu stoppen.

Über einen nicht geringen Teil der Arbeitenden hieß im NDR-Fernsehen am 31. 10. 2016 die Sendung: „Wenn Arbeit nicht mehr lohnt. Unsere Berufswelt im Wandel." Beispielsweise wurde der Existenzkampf auf dem Bauernhof beschrieben. Aber auch: Polizisten, Fleischer und viele andere können von ihrem Einkommen kaum noch leben, weil die Mieten, besonders in Großstädten wie Hamburg, Berlin, Frankfurt oder München, hoch sind. Hinzu kommt der digitale Wandel, der Arbeitskräfte einspart, während im Handwerk oder bei der Altenpflege Lehrlinge und später Arbeitskräfte fehlen. Anders bei den mit Hartz IV nicht Arbeitenden. Bei Ihnen wird die Miete, sowie Heizung und Elektrisch, wie schon gesagt, extra bezahlt und ebenso die Preissteigerung von 2022 durch den Ukraine-Krieg.

37

In Wirklichkeit heißt es also zusätzlich „Das Schlaraffenland ist abgebrannt" Denn zusätzlich zur sinkenden Steuerzahlerbevölkerung und der Mindest-Verdoppelung der Sozialhilfeempfänger durch ärmer werdende Rentner, besonders aber durch die größere Vermehrung der nicht arbeitenden Alt- und Neu-Migranten, führen auch die sich steigernden Corona- und Umweltkosten zum Niedergang. Trotzdem geht es den Europäern immer noch besser als einem großen Teil der übrigen Welt.

Für die Bevölkerung, die Regierungen und auch für den ISLAM hieße dies: „**Anfangen, selbst zu denken.**" So hieß die Überschrift zur Vorstellung des Sozialwissenschaftlers Professor Harald Welzer durch Doris Kleinau-Metzler im Lebensmagazin „a tempo" des Verlags .geistesleben.com . Der Untertitel seines Buches „Selbst denken" lautete „**Eine Anleitung zum Widerstand.**" – Und die Frage lautete daraufhin: Widerstand „wogegen?"

Worauf der Autor Welzer antwortete: „Dagegen, dass unsere Lebens- und Überlebensgrundlagen mit immer noch wachsender Geschwindigkeit zerstört werden. Und dagegen, dass man selbst Teil dieser Zerstörung ist….Wir haben eine Wirtschaft und eine daran gekoppelte Gesellschaft, die in keiner Hinsicht nachhaltig ist, weil sie prinzipiell darauf basiert, dass man aus immer mehr Ressourcen immer mehr herausholt, damit noch mehr Konsum möglich ist."

Der Autor sagte natürlich noch viel mehr. Einen besonders wichtigen Satz möchte ich daraus aber noch wiedergeben: „Unser Problem ist nicht, dass wir nicht genug wissen, sondern dass wir nicht selbst denken – und handeln".

Denken und handeln ist also vor allem auch bei der beschriebenen Umweltverschmutzung und Klimaveränderung notwendig, die bereits in gar nicht langer Zeit schon den Kindeskindern die Lebensgrundlagen erheblich verschlechtern oder entziehen wird. Weil dies aber schleichend langsam und fast überall so ist, halten viele Menschen und Politiker ein mehr an Konsum mit mehr an Verschmutzung oft noch für wichtiger. Es ist ja überall so. Und wenn man es bei allen sieht, verändert sich relativ nichts, obwohl alle in den Abgrund fahren.

Beispiele der Fahrt in den Abgrund zeigen: Wer aus einem fahrenden Zug in einen mit gleicher Geschwindigkeit daneben in den Abgrund fahrenden Zug sieht, merkt auch seine eigene Fahrt in den Abgrund nicht mehr, weil sich ja relativ zum anderen Zug überhaupt nichts ändert. Ein Ergebnis der Relativitätstheorie des Albert Einstein.

Viele Menschen sehen zwar ein Mehr an Konsum und Umweltzerstörung bei den anderen Politikern, Staaten und Personen, da sie aber relativ entsprechend handeln, merken sie es nicht – oder wollen es nicht merken. Sie ändern sich relativ zum Nachbarn nicht und merken dabei nicht, dass auch sie in den Abgrund fahren.

Oder wenn jeder mit Wirtschaftswachstum, Völlerei, Umweltzerstörung, Korruption, Verbrechen, zu großer Flüchtlingsaufnahme fremder Religion oder Religionskriegen die Welt oder sich in den Abgrund treibt, merkt

39

er es auch nicht, wenn es fast alle anderen, die er kennt, auch nicht anders machen.

Oder, wenn die Rechten nur mit Rechten kommunizieren und die Linken nur mit Linken, dann sind sie jeweils relativ im Recht. Und deshalb müssen die anderen, die ja Unrecht haben, bekämpft werden. Und alle beide kämpfen dann gegen die Mitte, die ja nicht ihre Meinung hat – und gegen sich außerdem gegenseitig.

Und wenn „überall Berlin-Neukölln ist", dann merkt man zuletzt nicht mehr, dass man überall durch Neukölln geht: Frauen mit Kopftuch und fünfundzwanzigjährig mit fünf Kindern, wie von dort berichtet wurde (die ja Geld einbringen - oder den Islam zur Hauptreligion werden lassen wollen), oder Männer mit bis zu 3 Frauen, gemäß Koran erlaubt, davon bis zu 2 als allein erziehende Mütter auf Hartz-IV (lt. früherem SPIEGEL-Bericht). - Das bringt mehr Geld.

Der frühere Berlin-Neukölln-Bürgermeister Buschkowsky schrieb über diese Zustände und ergänzte dies am 22. 11. 2018 in der Zeitung „Bild" über eine Schule in Berlin-Neukölln: „Von über 100 Abc-Schützen wird bei einem daheim deutsch gesprochen. Dem Rest ist unsere gemeinsame Sprache völlig fremd und vielleicht auch egal (zumindest den Eltern). Die meisten von ihnen werden dieses Handicap niemals aufholen. Schul- und Lebensversagen sind daraus die Konsequenz. Wir wollen ein Zukunftsland für alle Fachkräfte dieser Welt sein? Never! Wir schaffen es ja noch nicht einmal die Kinder, die im Land leben, in ein selbst verantwortetes

Leben zu führen." Und 2023 war dann die Berlin-Bürgermeisterin abgewählt

Und dann hieß es zynisch: Wir schauten jahrzehntelang zu und überließen ganze Stadtteile dem Strudel aus Bildungsferne, Kriminalität und Asozialität. Alles eine ‚kulturelle Bereicherung' – die Multikulti-Narren bestimmten die Debatte." – Aber: „Neukölln ist überall", so hießt sein Buch dazu. Und 2019 sagte er dann (am 18. 9. in DIE WELT): „Ich habe meinen Kampf um Werte verloren."

Wie zum Beweis lautete zu Neukölln am 2. Mai 2021 die Meldung (t-online): „Bei der ‚revolutionären 1. Mai Demonstration' in Berlin-Neukölln ist es teilweise zu Gewalt, Randale und Angriffe auf Polizisten gekommen." 8-10.000 waren bei der Demo dabei – und in ganz Berlin ca. 30.000. - Und am 5. 1. 2023 hieß die Zeitungsmeldung (Bild): „Berlin-Neukölln. Jugendliche feiern die Silvester-Randale....Hier ist man sogar stolz darauf. In Berlin-Neukölln (327.000 Einwohner, 46 % Migrationshintergrund) wurden Rettungskräfte und Polizisten brutal attackiert." Zu den Tatverdächtigen hieß es sodann: „45 Tatverdächtige haben einen deutschen Pass, mehr als doppelt so viele - nämlich 100 – einen ausländischen." So wenig über die die Presse füllenden Silvester-Krawalle.

Am 20. 11. 2018, wurde in der Presse von großer Gewalt gegen Frauen berichtet. Dabei ist diese bei den aus angeblichen Kriegsgebieten muslimischer Länder gekommenen besonders hoch. Die Zeitung „Die Welt" schrieb dazu am selben Tag unter anderem: „Die unge-

41

horsame Frau zu schlagen, das ist im Islam ein Gebot Gottes. Die Familienministerin will zur Linderung des Leids dieser Frauen Frauenhäuser bauen. Das ist sicher wichtig, denn die Frauenhäuser, die es schon gibt, sind voll – überwiegend mit muslimischen Frauen. Eine gute Sache, aber keine Lösung."

Dabei sollte folgendes bedacht sein: Deutschland hatte 2011 noch 80,2 Millionen Einwohner. 2016 überstiegen die Sterbefälle die Geburten um 118.000. Zugleich wanderten aber 498.000 nach Deutschland ein, die Einwohnerzahl stieg aber 2020 auf 83,1 Millionen, denn die Geburtenrate stieg und wird weiter steigen, vor allem durch die Migranten. Als Hauptursache sehen die Statistiker die Zuwanderung an. 21,2 Millionen hatten 2020 Migrationshintergrund (Stat. Bundesamt, am 1. 5. 2021) Viele Länder haben nicht so viele Einwohner. Siehe hierzu auch Kapitel 11. Dort wurde rechtzeitig gewarnt. Doch das Bundeskanzleramt hörte nicht.

Da fällt mir ein, dass ein Bundeswehrleiter aus Berlin mir vom Kosovo-Krieg erzählte, dass der Kosovo und Bosnien früher völlig christlich waren. Dann kamen Moslems und denen wurde in ihrer Moschee gesagt, dass die Frauen möglichst viele Kinder bekommen sollten. Das taten sie, wurden mehr und mehr. Bis der Krieg der „heute hießen sie hier Rechten" oder Nicht-Moslems dagegen kam.
Der Kosovo ist eine Republik von Jugoslawien, wie auch Bosnien-Herzegowina. Und alles gehört jetzt zu Europa. Am 8. 6. 2021 bestätigte das UN-Gericht die lebenslange Haft für den als „Schlächter von Bosnien" genannten, damaligen Armeechef Ratko Mladic. Im

Verlauf des damaligen Bosnien-Krieges (1992-95) wurden rund 100.000 getötet und 2,2 Millionen in die Flucht getrieben. Doch noch heute wird der bosnisch-serbische damalige General Mladic in seiner Heimat verehrt.

Später wird zum ähnlichen Problem noch das Buch des früheren Berliner Finanzsenators Sarrazin über die Vermehrung der Moslems zur Mehrheit publik, gegen den im Januar 2020 nach Auftritt bei der FPÖ der Parteiausschluss aus der SPD beschlossen wurde. Am 9. 6. 2021 hieß dazu die Meldung: „Neue Statistik: 53 % der unter 18-Järigen haben einen Migrationshintergrund." Viele kommen aus der Türkei und viele gehen auch nicht in die Moschee – genau wie immer weniger in die Kirche gehen. Aber in Deutschland sagt die Sozialbehörde: Mehr Kinder bringen mehr Geld.

In Deutschland und Frankreich ist es jetzt ähnlich wie früher im Kosovo. Kirchen werden bereits zu Moscheen umgebaut. Die Christen werden weniger. Fast alle muslimischen Gebiete in der Welt waren früher christlich, denken wir nur an den nahen Osten und Nordafrika. Bis Spanien und Wien waren sie auch schon. Die Christen und Europäer wehrten sich damals, von Polen zusammengeführt, und siegten. Diesmal siegen sie vielleicht nicht, denn wer warnt ist „rechts". Allein deshalb wird der Osten immer rechter.

Statt für den Umweltschutz geben die Deutschen schon jetzt ihr Geld wie in Berlin-Neukölln und für die Frauenhäuser aus, die größtenteils mit Moslemfrauen belegt sind. Vielleicht hilft, so glaubt man, ja die jährlich statt-findende Islamkonferenz, die vielleicht einen Islam schafft, der deutsche Wurzeln hat. Aber für die rund 900 Ditib-Moscheen der türkischen Religionsbehörde ist das schon nicht möglich. Und deshalb wird es auch keinen Islam mit deutschen Wurzeln geben. Und die regierungsseitig einmal angedachte Moschee-Steuer wird kaum eingeführt werden. Sie würde auch bei Harz IV kaum wirksam werden. In keinem anderen westlichen Land werden und wurden die Ditib-Moscheen erlaubt.

In Frankreich wurde deshalb, wohl auch als Warnung, zuerst die „Unterwerfung" als Theaterstück aufgeführt. In Deutschland folgte dies übersetzt im größten deutschen Theater, dem „Deutschen Schauspielhaus" in Hamburg - gegenüber dem Hauptbahnhof gelegen, mit Edgar Selge in der Hauptrolle als Literaturprofessor Francois.

Am 29. 11. 2018 konnten die „Unterwerfung" dann alle – mit Edgar Selge und Matthias Brandt in den Hauptrollen im Fernsehen auf 3SAT um 20,15 Uhr sehen. Der Inhalt: Als der muslimische Politiker Mohammed Ben Abbes in Frankreich mit Hilfe anderer Parteien Staatspräsident wurde, führte er das Patriarchat und die Polygamie ein. Der Professor Franciscos wurde sodann entlassen - und durfte nur, wenn er zum Islam konvertierte, wieder lehren. Gezeigt wurde die Theateraufführung in Hamburg. Dabei war das „Deutsche Schauspielhaus" von Innen und Außen zu sehen. Der Professor hatte in Paris oft Studentinnen als Freundinnen. Bei einer Freundin zogen die Eltern aus Angst vor der neuen muslimischen Zeit nach Israel um. Er selbst aber

44

fand den Vorteil der vielen Frauen so gut, dass er zum Islam konvertierte und schon deshalb wieder als Professor eingestellt wurde.

Der Islam bevorzugt also die Männer erheblich. Gleichberechtigung gibt es noch nicht. Deshalb sehen auch einige Männer nicht nur in Frankreich, sondern auch oft in Deutschland und anderen noch christlichen Ländern einen Vorteil im Islam. Ein Beispiel: „Der Boom der Shisha-Bars wirft Fragen auf – auch zu Kriminalität und Integration." Und eine Unter-Überschrift: „Shisha - Besuch mit Risiken und Nebenwirkungen.- Die Bars und Lounges verbreiten sich mit rasender Geschwindigkeit. Sie locken auch kriminelles Milieu an und schaden der Gesundheit – In den Bars mischen sich Abiturienten und Kriminelle" Überschriften im „Hamburger Abendblatt" am 1./2. Dezember 2018. Die Frauen sollen die Bars natürlich nicht besuchen. Der Islam ist in Frankreich und Deutschland wohl schon weiter als er im Kosovo war. „Die Unterwerfung" erfolgt wohl teilweise bereits.

Ein Teil der aus Islamländern kommenden integriert sich allerdings auch sehr gut und erbringt gute Leistungen auf dem Arbeitsmarkt. Da denke ich an meine Frage an einen Mann muslimischer Herkunft. Er war der wichtigste Mann in seiner Firma - Er antwortete: „Da muss ich erst meine Frau fragen. In Afghanistan brauchte ich das nicht, aber ich bin ja in Deutschland."

Allerdings erfolgte die Gleichberechtigung auch in Europa erst ab und durch Luther mit der Reformation. Und in der katholischen Kirche gilt noch immer das

Zölibat. - Wenn in fast allen muslimischen Ländern, aber auch in Indien, insgesamt in 50 Ländern, Christen verfolgt und der Umweltschutz fast gleich Null ist, dann kann – bei „Unterwerfung", dass auch in Westeuropa und in Deutschland einmal nach Verwirklichung des „Sarrazin" -Buches passieren.

Wenn alle Parteifreunde und relativ zum anderen gleich Denkende sagen, dies sei rechts und nicht wahr, oder dies sei links und nicht wahr, dann empfinden sie es auch als wahr oder unwahr. Die deutsch-kanadische Psychologin entdeckte, dass das Gehirn auch falsche Erinnerungen aufbauen kann. „Falsche Erinnerungen sind ansteckend – in sozialen Gruppen verbreiten sie sich wie Viren." – „Das trügerische Gedächtnis", war dazu DER SPIEGEL–Haupttitel vom 2. 1. 2016.

Alles Ergebnisse des Denkens und ebenfalls der Relativitätstheorie des Albert Einstein, denn wenn alle wie im Schlaraffenland leben, merken sie überhaupt nicht mehr, wie sie dabei die Umwelt verbrauchen. Einstein schrieb ja schon vor vielen Jahren: „ **Nichts wird die Gesundheit der Menschen und die Chance auf ein Überleben auf der Erde so steigern wie der Schritt zur vegetarischen Ernährung."** Da dies nicht erfolgte, sind auch deshalb die „Grenzen des Wachstums" bereits lange überschritten.

Der tschechische Ökonom Sedlácek machte sich das Denken zu Eigen. Er wurde in „DER SPIEGEL 40/2015 über den Fetisch Wachstumskapitalismus und das Versagen der Eliten in der Krise interviewt. Aus der mehrseitigen Wiedergabe möchte ich nachfolgend mit dem Fetisch Wachstum beginnend einiges zitieren. Denn die „Grenzen des Wachstums" sind ja schon lange überschritten. Und „das ist unser Problem. Egal wie viel wir haben, wir wollen immer mehr", sagte dazu der Ökonom und beschrieb Einzelheiten: „Das Wachstum ist zum Fetisch geworden, nicht nur in der Wirtschaft, auch in der Gesellschaft und für jeden Einzelnen. Überall geht es um ‚mehr' und ‚besser', überall geht es darum, die Effizienz zu steigern oder sich selbst zu optimieren. Kein Wunder, dass wir nie zufrieden sein können, wenn Unzufriedenheit unser Antrieb ist. Technologie und Wirtschaft aber sind durchzogen von dem Streben nach Wachstum. Und diesem Ideal wollen wir weltweit Geltung verschaffen." –

Am 7. 10. 2015 hieß dazu die Meldung (HA): „Im Sog der Konjunkturabkühlung in China wird das Wachstum der Weltwirtschaft dieses Jahr laut IWF an Fahrt verlieren. Der Internationale Währungsfond rechnet nur noch mit einem Wachstum von 3,1 Prozent. Deutschland soll um 1,5 Prozent zulegen." – **Der Fetisch Wachstum also – auch, um die oft kriminell hohen Schulden zu zahlen. Und Wachstum dabei auch immer noch beim Umweltverbrauch – und immer mehr bei Dürren und Überschwemmungen, bei schlechter Atommülllagerung und Kunststoffentsorgung. Die Meere sind voll – und bald auch die Fische. Arbeit ohne den Fetisch Wachstum wäre also genug vorhanden.**

Und dann spricht der Ökonom von einem ethischen Minimalkonsens, dass Schulden zurückbezahlt werden müssen, und dass auf dieser moralischen Norm auch unser Banken- und Rechtssystem beruht. Doch „seit der

47

Jahrtausendwende haben sich die globalen Schulden verdoppelt, nichts wurde zurückbezahlt." Die „entfesselten Schulden" wurden im Interview aufgeführt.

Diese entfesselten Schulden stiegen 2020 in Deutschland mal eben auf 2,305 Billionen € (pro Einwohner mal eben 26.128 €). – In Frankreich 2,36 Billionen € (pro Einwohner 35,30 Ts. €) – In Italien 2,345 Billionen € (pro Einwohner 28,78 Ts. €). (www.haushaltssteuerung.de) Man stelle sich das einmal vor: Auf jeden Einwohner entfielen in Deutschland 2020: Rund 25.000 Euro an Schulden. Am 17. 2. 2023 hieß aber die Meldung (Bild): „Fast 22.000 € Kredit-Schulden pro Kopf. SO PLEITE IST DEUTSCHLAND."

Aber fast 3 Jahre später, am 4. 12. 2022 hieß es fast 2,5 Billionen € (2.456.175) und dann pro Kopf 29.700,-€. Bei einer Familie mit 2 Kindern sind dies mal eben fast 120.000,- €. - Es sollte aber hinzugefügt werden: 2015 erstellte der deutsche Finanzminister Schäuble einen Haushaltsüberschuss von 12,1 Milliarden Euro. (Fast alle Medien am 13. /14. 1. 2016). Aber nur für das Jahr. Die hohen Schulden waren trotzdem nicht weg. Allerdings kam schon am selben Tag dazu der „Klartext vom Rechnungshof: Präsident Scheller hält Asylkosten für unkalkulierbar." So die Überschrift (AFP 14. 1. 16 auf T-Online).

Dazu will ich erwähnen: Von den Gesamtausgaben von 356.400.000.000,-€ im Jahr 2019 entfielen fast die Hälfte, nämlich 145.260.251.00,-€ (also Milliarden) auf „Arbeit und Soziales", was auch die Asylantenkosten

48

Deutschlands enthält. Hinzu kommen dann noch die Kosten der Länder. Darüber hinaus bemängelte der Bundesrechnungshof, dass die Bundesregierung dessen Empfehlungen wenig folgte, wie eine Reform der Umsatzsteuer oder zu geringer Straßenerhalt.

Der Bund der Steuerzahler (www.steuerzahler.de) versucht jährlich die Staatsverschwendungen in seinem Schwarzbuch der Verschwendung sichtbar zu machen. Dazu am 30./31. 10. 2019 (HA/Tobias Kisling) aus Berlin: Eine Solaranlage ohne Sonne, eine Brücke für Mäuse (93.000 €), ein Vogelnest aus Gold (92.500 €, nach einem halben Jahr gestohlen) und natürlich die missglückte PKW-Maut (wohl mehrere 100 Millionen). Und zusätzlich hieß es (11. 12. 2019 HA) vom Bundesrechnungshof: „Regierung fördert Klimakiller." Dabei gingen 71 Millionen für Dieselbusse weg. Durch die Coronahilfen stiegen die Schulden dann weiter.

Der Fernsehsender RTL brachte z. B. am 22. 4. 2021 um 20,15 Uhr die Sendung: Mario Barth deckt auf: „Im Sekundentakt werden öffentliche Gelder zum Fenster herausgeworfen. Dem Irrsinn sind dabei keine Grenzen gesetzt." Und am 28. 4 brachte er um die gleiche Zeit: „Mario listet die zehn extremsten Fälle von Steuerverschwendung auf . Natürlich ist sein Lieblingsobjekt darunter, der Flughafen BER." Eine Woche später listete er wieder das rausgeworfene Geld auf. - Mir fiel dabei ein, dass auch schon eine Brücke für 4 Millionen für die fliegenden Fledermäuse über eine Autobahn gebaut wurde.

Das Geld muss weg: Während die Rentner immer weniger haben, da die Mieten, Abgaben und Lebensmittel teurer werden, hieß es am 4. 5. 2021 in der Zeitung „Bild": „5 Monate vor der Bundestagswahl - Regierung befördert noch schnell Hunderte Beamte." Und dazu wurde berichtet: Wirtschaftsminister 237 neue Jobs, Außenminister 37 Beförderungen, Finanzminister 76 Beförderungen und 97 neue Stellen, Bildungsministerin 134 neue Stellen, Verteidigungsministerin 103 neue Stellen.

„Bild" brachte am 13. 6. 2022, dass die Renten um 5,35 % im Westen und 6,12% im Osten erhöht würden. Dazu wurde der Regierungsberater Prof. Börsch-Supan mit vielfachem Gehalt genannt, der die Renten für viel zu hoch hielt. Bei 5,35 % Erhöhung und 8 % Inflation sinken die Renten in Wirklichkeit um 2,65 %. Außerdem brachte Bild am selben Tag die Rententabelle der Deutschen Rentenversicherung. Danach erhält die Hälfte unter 1.100 € im Monat. Bei Abzug von Miete, Strom, Heizung und Versicherungen mit 700,- € verblieben dann gerade 400 € für den Lebensunterhalt. Viel zu viel zum Essen und Trinken? Oder zu wenig?

Doch zurück zu den klugen Tschechen und dabei zuerst zu Sedlácek. Auf die Frage, dass sich vielleicht mit Ausgabenprogrammen, wie beispielsweise bei den USA, Wirtschaftswachstum erreichen lässt, antwortete er, dass dies ein hervorragendes Beispiel für verfehlte Schuldenpolitik sei. „Die US-Regierung nimmt sieben Prozent vom Bruttoinlandsprodukt auf, um drei Prozent Wachstum zu generieren." – Und so wird es fast überall gemacht. „Eigentlich müsste es längst nicht mehr Bruttoinlandsprodukt (BIP), sondern Bruttoschuldenprodukt (BSP) heißen." – Jedes Kind wüsste das, meinte Sedlácek. –

Darf ich fragen, warum weiß es sonst fast keiner? In Wirklichkeit wissen es die Verantwortlichen ja vielleicht doch. Aber sie wollen immer mehr verteilen oder verbrauchen lassen, weil eine Mehrheit noch immer mehr verbrauchen will: Mehr und besser essen und trinken, ein größeres Auto – und noch viel, viel mehr. Hinzu kommen dann, wie schon erwähnt, die Flüchtlinge aus vielen muslimischen Ländern, die jährlich viele Milliarden allein im Landeshaushalt vieler europäischer Länder kosten. Sie kommen wegen der Kriege in der Heimat und auch, weil sie eben auch mehr haben wollen. Dazu kommen dann Millionen Wohnungen (meistens auf Schulden).

In einem großen Teil der Welt weiß man, dass Hartz IV in Deutschland viel mehr ist, als der Arbeitslohn in den meisten Ländern. Und ein nachfolgendes Bürgergeld dann noch mehr. Darum wurde in Deutschland auch 2021 ein Gesetz beschlossen, den Billiglohn für nach Deutschland verkaufte Produkte zu erhöhen. Das erhöht allerdings dann die Preise – es wird weniger verkauft. Und zuletzt kommen zusätzlich noch die Corona-Schulden hinzu. Und eine angedachte MWSt-Erhöhung um 8 % für den Renten- oder Gasaufwand.

Dies alles bei den zusätzlichen Mehrausgaben für einen fast nicht mehr möglichen Umwelterhalt: Bei dessen Scheitern kommen noch Millionen weitere Flüchtlinge

51

aus durch die Erderwärmung unbewohnbar werdenden Gebieten und aus Tornado- und Überschwemmungsgebieten hinzu.

In der Tschechoslowakei mahnte nicht nur der Ökonom. Nein – dort denkt und dachte man schon oft weiter. Der tschechische Schriftsteller, Dissident und Staatspräsident Vaclav Havel, er erhielt den Friedenspreis des Deutschen Buchhandels und den Aachener Karlspreis, schrieb auch über den „Versuch, in der Wahrheit zu Leben". Er sagte und schrieb dazu schon 1989 – doch heute haben wir wieder ähnliche Probleme: „Niemandem wird geholfen, wenn die Regierung so lange wartet, bis die Menschen demonstrieren und streiken. All' dem könnte man sehr einfach durch sachlichen Dialog und durch den guten Willen, auch kritische Stimmen anzuhören, vorbeugen. Solchen Warnungen wurde kein Gehör geschenkt. So erntet die heutige Staatsmacht die Saat ihrer eigenen starren Haltung... - Ich hoffe immer noch, dass die Staatsmacht endlich aufhört, sich wie das hässliche Mädchen zu verhalten, dass den Spiegel zerschlägt, in der Meinung, er sei schuld an ihrem Aussehen." So Vaclav Havel am 21. 2. 1989, also zum Zeitpunkt der bislang größten Umwälzung nach dem 2.Weltkrieg, dem Ende des unfreien Sozialismus in Europa, den allerdings noch heute etliche Personen für gut halten. - Der Islam, die Flüchtlinge und die Umweltzerstörung können aber eine noch größere Umwälzung bringen.

Kapitel 4
Die Integrationspolitik und die Zukunft.

Bei den sich auf den Islam berufenden Islamisten sprachen Papst Franziskus und der frühere französische Präsident Hollande bereits vom 3. Weltkrieg. Der 4. Weltkrieg gegen die lebenserhaltende Umwelt ist aber bereits ebenfalls vorhanden.

Anfang Februar 2019 kam der Papst nach Saudi-Arabien: „Keine Gewalt im Namen Gottes" sollte die Zukunft werden. (5. 2. 2019 Andreas Englisch im „Hamburger Abendblatt".) Und auch der oberste Würdenträger des Islam, Ahmed al Tajib, sagte: „Aber auch im Koran steht ganz klar an mehreren Stellen, dass man nicht töten darf." Und er sagte sogar: „Umarmt weiterhin überall eure christlichen Brüder, als seien sie eure Partner."

Aber es geht trotzdem bereits um das Überleben der schon heute geborenen Kinder. Es geht darum, nicht den hohen Konsum aller als sozial zu bezeichnen und nicht zu sparen, sondern stattdessen Geld für den Umwelterhalt auszugeben, und es geht damit um den Erhalt oder die Wiederherstellung der Umwelt als Lebensgrundlage. Warum schrieb schon Erich Kästner vor über 80 Jahren. „Doch kein Mensch kann lenken"??? - Dies sieht aber heute auch der Wirtschaftler Tomás Sedlácek und machte darum gleichzeitig Vorschläge zum lenken: „Wir müssen aufhören, uns systematisch zu überschulden." Und fast zuletzt sagte er im Interview: „Das System ist das Problem…Fatal wird es, wenn wir glauben, wir hätten das System im Griff. Mit unseren makroökonomischen Vorhersagen gaukeln wir eine Sicherheit vor, die es nicht gibt."

Es geht also finanziell und mit der „Chance auf ein Überleben auf der Erde" bergab. Die Kosten müssen gesenkt werden, das Wachstum muss nicht erhöht, sondern ebenfalls gesenkt – und die Umwelt gerettet werden. Eine Armutswelt mit Umweltniedergang bahnt sich sonst nicht nur an, sondern ist bereits auf dem Wege. (Denken wir nur an das Rentenproblem aus dem Vorkapitel.)

Und zusätzlich gilt in Europa: „Die Integrationspolitik von heute entscheidet über den Wohlstand unserer Gesellschaft in den nächsten 20 oder 30 Jahren." Auch dies ein Grund, dass fast alle europäischen Länder ihre Grenzen gegen den Zuzug von Migranten, mit Ausnahme von Ukrainern, etwas geschlossen hatten – und die USA, Australien und viele weitere Länder ebenfalls – oder besonders. Allerdings will der neue US-Präsident Biden die Grenzen etwas öffnen. Zusätzlich nehmen alle EU-Länder des früheren Ostblocks, wenn überhaupt, nur noch christliche Migranten auf. Deutschland ist die Ausnahme, deshalb ist das Volk gespalten: Die einen wollen helfen und die anderen rufen, wir schaffen es nicht. Und alle gehen zuletzt vielleicht selbst daran zugrunde, denn hinzu kommt ja die Umweltvergeudung.

„Unser Problem ist…, dass wir nicht selbst denken und handeln." Hinzu kommt aber vor allem, wie schon gesagt, dass die Politik und viele Bürger den Konsum bislang für wichtiger als den Umweltschutz halten. Und dass derjenige beispielsweise in Deutschland arm ist, der Hartz IV für sich, die Familie, einschließlich Miete, Heizung und Elektrisch erhält, obwohl dies oftmals mehr ist, als oft Löhne im beispielsweise reichen Saudi-Arabien, aber auch in Deutschland. Nach Saudi-Arabien fliegen dann die Europäer (das Klima noch mehr erwärmend), um sich verwöhnen zu lassen. Das Schlaraffenland ist zwar allein aus Umweltgründen abgebrannt. Aber trotzdem wird gefordert, es noch auszubauen.

Ein Hauptgrund für die Vermehrung von Sozialhilfeempfängern und Flüchtlingen sind also in Deutschland die im Vergleich zu den USA, Kanada, Australien oder der Türkei verteilten Sozialleistungen, die bei niedrigen und oft sogar mittleren Lohnhöhen bei vielen Menschen immer noch mehr als die Arbeit einbringen – und oft mehr als Renten nach dem Abzug von Miet-, Heizungs-, Wasser-, und Elektrokosten, die zusätzlich bei Hartz IV (oder Bürgergeld) gezahlt werden. Und zusätzlich, wie gesagt, immer mehr als die Arbeit in den meisten Ländern der Erde und teilweise auch in Deutschland.

Noch schlimmer ist es 2021 in Afghanistan, wo die Taliban beispielsweise auf offener Straße in Kabul Frauen auspeitschten, die in einer Demo Freiheit gefordert hatten (9. 9. 2021 mt, t-online). Zusatzverdienste durch Schwarzarbeit oder Drogenhandel können dagegen in Deutschland sogar zu ‚Reichtum' mit dem großen Mercedes führen.

Am 14. 1. 2019 hieß es deshalb auch zum Beispiel: (HA) „14 Festnahmen bei Großrazzia gegen Clans. Polizei war mit 1300 Beamten in Nordrhein-Westfalen im Einsatz. Der Staat will Stärke demonstrieren. Aber reicht das?" „Im Focus stehen immer wieder Mitglieder sogenannter Clans. Gekommen sind die ersten Familien in den 1980er Jahren. Die meisten flohen vor dem Krieg im Libanon." Und: „Das Geschäft mit den Shisha-Bars boomt." Das war aber nur in NRW. In anderen Bundesländern ist es ähnlich. In Hamburg wurden beispielsweise Anfang 2019 viele Drogenhändler entdeckt, die im Gefängnis auf dem Lande Ausgang hatten. Das Gefängnis bezeichneten sie als ihr Hotel.

Und am 2. 5. 2022 schrieb die Zeitung „Bild" aus Berlin: „Immer wieder Clan-Schießereien und Gewalt gegen Frauen auf unseren Straßen. Darum ist Deutschland auf dem Islamismus-Auge blind!" Dazu wurde dann u. a. berichtet: „Afghanin getötet, weil sie westlich leben wollte. - Clan-Mitglied auf Volksfest erstochen. - Afghane metzelt sechsfache Mutter nieder." - Und Frau Prof. Susanne Schröder von der Uni Frankfurt wird zitiert mit: „Man möchte schon gar nicht, dass Islamismus oder fragwürdige kulturelle Traditionen hinterfragt werden und erweckt den Anschein, alles schnell wieder unter den Teppich kehren zu wollen." - Und der NRW-Innenminister sagte zu Bild: „Berlin ist eine Hochburg der Clan-Kriminellen."

Darüber schrieb, wie schon gesagt, bereits 2012 der frühere Bürgermeister von Berlin-Neukölln auf über 300 Seiten: „NEU-KÖLLN IST ÜBERALL". Darin steht dann von „Familien, die seit Generationen von Hartz IV leben, Eltern, die sich nicht um ihre Kinder kümmern, Jugendliche ohne Zukunftsperspektive, Parallelgesellschaften, Gewalt und Kriminalität..."

Am 15. 6. 2022 zeigte das 1. Fernsehprogramm um 20.15 Uhr: „Das Ende der Geduld" mit einer jungen Jugendrichterin, die Berlin-Neukölln verbessern wollte. Alle Probleme wurden gezeigt: In der Schule, bei den Schülern – überall. Aber die Verhältnisse waren nicht zu verbessern. Sie nahm sich zuletzt aus Verzweiflung das Leben.

Am 18. 6. 2022 beschrieb „Bild" dann die „Skandal-Republik Deutschland! Aufschrei der Anständigen." Und auf der 1. Seite stand: „Uns reicht's! Clans immer dreister +++Anti-Hass-Beauftragte verbreitet Hass + + +Islamisten bei der Innenministerin. Jetzt sprechen Bürger:" Und dazu wurden dann die Ansichten zum Problem von 5 Personen wiedergegeben: So sagte der stellvertretende Chef der Bundespolizeigewerkschaft: „Deutschland hat der organisierten Kriminalität viel zu lange tatenlos zugeguckt. Die Clans sehen dieses Land als Beute an und denken überhaupt nicht daran, sich an Recht und Gesetz zu halten. Jeder Tag der Untätigkeit ist fatal und wird das strukturell gewachsene Problem der organisierten Kriminalität weiter stärken. Ich erwarte von der Polizei jetzt null Toleranz und ein stringentes Vorgehen. Schluss mit der Untätigkeit!" Ein Bürger sagte „Wir werden ausgelacht". Die Inhaberin eines Trachtengeschäfts sagte: „Es reicht mir langsam." Und ein Pädagoge, der 30 Jahre Präsident des Lehrerverbandes war sagte: „Es ist zum verzweifeln." Der

Pfleger Mohammed Ali Slim meinte: „Polizeibeamte leisten eine hervorragende Arbeit. Sie setzen ihr Leben für uns aufs Siel und arbeiten auch nachts, damit wir in Sicherheit leben können." - So viel über den „Aufschrei der Anständigen." Denn die sind ja in der Mehrheit. Zu den Anständigen gehören auch die meisten Flüchtlinge, oft aus den gleichen Ländern aus denen diese sogenannten Clans kommen. Und viele Menschen setzten sich selbst in Ihrer Freizeit für die Mitbürger ein. Denken wir nur an die Mitglieder der freiwilligen Feuerwehren, an die vielen Spender für humanitäre Zwecke.

Doch das Rauschgift-Problem in Deutschland ist uralt. Und wenn ich schon vor 50 Jahren auf der Straße zum Rauschgiftkauf angesprochen wurde, dann zeigt dies auch, dass der Bedarf groß ist – und schon damals nicht genug gegen den Handel und die Einfuhr getan wurde. Während das Rauchen 10 bis 15 Lebensjahre kosten soll, sind es beim Rauschgift noch mehr. Dies wäre auch ein wichtiges Schulthema. Stattdessen wurde immer mehr am Rauschgift verdient, wie es auch der Bild-Haupttitel vom 21. 6. 2022 aufzeigte: „Fette Limos, goldene 20.000-Euro-Uhren, XXL-Villen. Die Groß-Familien protzen ungeniert mit ihrem Reichtum. Der LUXUS der CLANS." Aber viele können den Reichtum gerade in Deutschland auch bezahlen.

Und am 25. 6. 2022 hieß die Bild-Überschrift: „Protzen, Prügeln, Provozieren. Lehrer-Chef schlägt Alarm: So herrschen Clan-Kinder an unseren Schulen. Dazu berichtete dann der Gymnasiallehrer und Präsident des Lehrerverbandes Heinz-Peter Meidinger von Schulen, besonders in Berlin, in denen Kinder aus „Familien, darunter auch für Kriminalität bekannten Clans, einen hohen Anteil ausmachen." Nicht die Lehrkräfte werden bedroht, sondern es gibt nicht selten Konflikte zwischen den Kindern verschiedener Clans. „Lehrkräften fällt es oft sehr schwer die Kinder davon zu überzeugen, dass Bildung eine große Chance ist, wenn der ältere Bruder ohne Schulabschluss mit einer Rolex am Handgelenk herumrennt, und der Vater, obwohl er offiziell arbeitslos ist, mit einem dicken SUV herumfährt."

Und sodann wird berichtet, „Kinder werden von Geschwistern oder Eltern ausgebildet," sagte ein Ermittler zu Bild. „Oft beginne es mit Ladendiebstählen in einem straffreien Alter….2021 wurden allein in Berlin-Neukölln 23 Personen (14 bis 27 Jahre) …mit 248 Straftaten auffällig. Darunter: Raub, gefährliche Körperverletzung, Diebstahl."... So geht es dann weiter.

Als Thilo Sarrazin am 22. 8. 2022 sein neues Buch „Die Vernunft und ihre Feinde" vorstellte, sagte er im Bild Interview auf die Frage: „Die Ampel opfert die Vernunft dem Wunschdenken?" „Leider ja. Das gilt auch für die Bildungspolitik, die immer noch davon ausgeht, dass alle Menschen gleich seien – gleich begabt, gleich intelligent. Also sollen auch alle die gleiche Schulbildung erhalten...Wozu diese Politik führt erleben wir im Berliner Schulsystem, wo bis zu 70 % der Schüler nach der 8. Klasse nicht richtig rechnen, lesen oder schreiben können. Die sind nicht ausbildungsfähig." - Soweit – aber nicht so gut.

Es gibt in Wirklichkeit in Deutschland – und vielen Ländern Europas – keine Armut wie in den meisten Ländern der Welt. Die Armut muss sozial abgefedert werden. Es ist eben „die andere Armut". So hieß auch am 5. April 2016, also zum Osterfest, ein ganzseitiger Bericht in der Zeitung „Welt am Sonntag". (Das war allerdings noch vor dem Ukraine-Krieg mit dessen teilweiser Kostenerhöhung). Und gleich darunter stand. „Hungern muss in Deutschland niemand mehr, Lebensmittel sind im Vergleich zur Nachkriegszeit günstig"

Die Autorin Susanne Gaschke beschrieb es dann ganz genau, was ihnen wirklich fehlt. Und weil es so genau war, möchte ich einiges davon wiedergeben, genannt: „Die andere Armut". Begonnen wird mit dem Wenigen, was die Großeltern sich im Vergleich zu heutigen Ansprüchen leisteten. Es wurde im Garten angebaut, eingemacht, Kleider für die Enkelkinder genäht. Es wurde, zumindest für heutige Begriffe, kaum Geld verbraucht und trotzdem bezeichnete man sich nicht als arm. Der Sohn ging auf das Gymnasium und studierte dann. „Seit 1950 führte das Statistische Bundesamt darüber Buch, was sich die Deutschen leisten und wie sich Kaufkraft und Inflationsrate entwickeln." Und man sieht daran: „Löhne und Kaufkraft sind über die Jahre deutlich stärker gestiegen als die Preise." Als Beispiel wurde genannt, dass man für eine Stunde Arbeit 1950 5 Eier, 1960 12 Eier, und heute 70 Eier kaufen kann. - Und dies hatte sich trotz Ukraine-Krieg auch bis 2023 nicht geändert.

Es wurde dann die Frage gestellt, wenn rund 40 Prozent des Bundeshaushalts in Deutschland – und immer mehr - für Soziales ausgegeben werden, „warum wird dann eigentlich gar nichts besser? Warum gelten bei uns 12 Millionen Menschen als arm?" (Das war 2016.) Der Kinderschutzbund wird zitiert mit 2,5 Millionen Kindern in Armut. Und dann hält die Verfasserin zwei Erklärungen für denkbar: „Entweder wir definieren Armut falsch. Oder es liegt nicht am Geld.":

Es beginnt mit: „Die Leistungen des Sozialgesetzbuches II sollen existenzielle Not verhindern und vor Armut und sozialer Ausgrenzung ebenso wie vor den Folgen besonderer Belastungen schützen." Aber was ist das? Diese Frage wird untersucht: Wenn nach OECD arm ist, wer weniger als 60 Prozent des durchschnittlichen „bedarfsgewichteten Nettoeinkommens" erreicht, dann würden in Berlin Charlottenburg fast alle arm werden, wenn Bill Gates dorthin zöge. Armut wird von den Wohlfahrtsverbänden schlicht mit staatlicher Hilfe gleichgesetzt – und dabei festgestellt: Arme Kinder können sich schlechter konzentrieren, schlechter sprechen, zählen und schlechter Deutsch sprechen – als Kinder, die keine Sozial-Leistungen erhalten. Die staatliche Leistung, die Armut und Benachteiligung verhindern soll, fördert dies dann möglicherweise sogar.

Hartz-IV, bzw. Bürgergeld, bringen sogar, wie schon gesagt, oft mehr als Arbeit, mit dem Ergebnis: In der Schule sagte ein zitierter Schüler „Ich werde Hartzer." Dazu darf man sich nicht bemühen und danach steht die staatliche Leistung vielleicht sogar für Benachteiligung - und mehr Geld-Leistung brächte noch mehr Benach-

61

teiligung, weil es beweist, dass es sich nicht lohnt, sich anzustrengen. Und dies bewirkt dann: „Die andere Armut."

Die andere Armut ist oftmals sogar der andere Reichtum, wenn beispielsweise am 20. 6. 2022 die Haupt-Überschrift der Zeitung „Bild" hieß: „Sie streichen Sozialleistungen ein, leben im Luxus – und wir lassen es zu! So lachen uns die Clans aus." Dazu wurden dann 4 Fotos mit z. T. reichen Clan-Bossen gezeigt. Und darüber stand: „"Die mächtigen Clan-Bosse tanzen dem deutschen Staat lachend auf der Nase herum. UNSER Land ist ihr Selbst-Bedienungsladen." Und am 25. 2. 2021 schrieb die Bild-Zeitung: „16 Tonnen Koks! Größter Drogenfund im Hamburger Hafen."

Und das „Hamburger Abendblatt" schrieb am 6./7. 3 2021 über: „Der Weg des weißen Pulvers." „2017 stellte der Zoll bundesweit mehr als 8 Tonnen sicher, 2018, 2019 und 2020 mehr als 10 Tonnen." Und nun „an einem Tag 16 Tonnen Kokain. ,Der Straßenverkaufswert der Drogen liegt zwischen 1,5 und 3,5 Milliarden Euro', sagt René Matschke, Leiter der Zollfahndung in Hamburg." - Peru, Bolivien und Kolumbien sind die Kokain-Kammern der Welt, wird berichtet. Der Preis ist von 76 € pro Gramm auf 69 € gesunken. Und 40 – 60.000 sind allein in Deutschland Kokainabhängig. In den Niederlanden konnte man dazu im Zusammenhang den 28 Jahre alten Atif S. festnehmen.

Weiter stand in dem Bericht: „Es sind organisierte Banden, die den internationalen Handel mit Kokain bestimmen. Unter ihnen Mafiagruppen, allen voran die italienische Ndrangheta, auch Drogenkartelle. Die Bundesregierung schrieb dazu: ‚Bei der Einfuhr nach Europa und der Weiterverteilung...spielen insbesondere Tätergruppen aus dem Balkanstaaten eine herausragende Rolle.'" Also: Nach dem Alkohol und dem Rauchen kommt jetzt auch Kokain oder Marihuana in Mode. Am 4. 3. 2021 erfolgte dazu die Meldung (HA): Rund 1000 Beamte waren im Einsatz, um eine Dealerbande zu zerschlagen, die Marihuana und Kokain via Spanien aus Südamerika einschmuggelten. Sie nahmen 20 Beschuldigte fest.

Am 7. 6. 2021 schlugen dann zehntausende Beamte in 16 Ländern weltweit, darunter auch in Deutschland, Australien und den USA, zu. „Das FBI hatte die Mega-Razzia initiiert, Hinweise u. a. an Europol gegeben, das die Aktion in Europa koordinierte. Der Einsatz richtete sich gegen den Handel mit Drogen, Waffen, Menschen und Kriegswaffen in großem Stil." In Deutschland gab es 100 Durchsuchungen. Aber es ist mit weiteren Razzien zu rechnen. „Bild" stellte am 8. 6. 2021 mit vielen Fotos ein „DROGENLABOR in der RENTNER-WOHNUNG" in Frankfurt vor. Der dort auch wohnende Sohn des Rentners sollte als Drogenkoch Rauschgift in großem Stil im eigenen Labor hergestellt haben.

Wenn ich mit Vermietern von Hartz-IV-Mietern spreche, höre ich immer, dass ein nicht geringer Teil der Mieter durch Schwarzarbeit Geld hinzuverdient und alles verwohnt. Einige Städte sollen nach deren Auszug dann rund 500.000 € für die Renovierung deren Wohnungen ausgeben. Zusatzkinder oder Zusatzarbeit ist also bei Harz-IV Beziehern oft beliebt.

So bezog beispielsweise eine Clan-Familie in Leverkusen rund 400.000 € Sozialleistungen (10. 6. 2021/HA/dpa+t-online+AFP). Bei einer Großrazzia fand man bei der Familie Bargeld und Sachwerte in Höhe von 600.000 €. Hinzu kam der Wert der bewohnten Villa von über einer Million € - (aber am Tag darauf hieß es in der „Bild": die Miete für die Millionen-Villa mit 1.900 € zahlte das Sozialamt. Und 14.300 € lagen allein unter der Fußmatte von deren Oberklasse-Limousine und am Handgelenk trug der Clan-Chef eine Luxus-Uhr mit Wert 30.000 €. Insgesamt wurden 229.000 € Bargeld gefunden. Die Familie wurde dem AI-Z-Clan zugerechnet, dem 227 Tatverdächtige zugerechnet wurden (beziehen die denn auch zusätzlich größtenteils Hartz-IV mit Zahlung der Miete sowie Elektro und Heizkosten?).

Ich schrieb aber zuvor schon, wenn ich vor rund 50 Jahren vom Dorf auf dem Lande (ich war dort auch Bürgermeister) nach Hamburg zum Hauptbahnhof fuhr, wurde mir auf offener Straße Rauschgift angeboten. Das Problem ist also alt. Und wenn die Rauschgiftsüchtigen sogar eines Tages, wie die Nicht-Christen, zur Mehrheit werden, wollen sie vielleicht Rauschgift umsonst, oder auf Hartz-IV.

Oft werden bereits zu schnell fahrende Autofahrer mit Alkohol- und gleichzeitigem Rauschgiftkonsum ange-halten. Trinken, Rauchen und nun auch Rauschgift sind die sich ausbreitenden Laster.

Aber nicht nur die genannten Clans verdienten und verdienen am Rauchgift. Am 22. 6. 2022 erinnerte 3SAT an die Mafia und brachte: Am 3. Oktober 1990 wird das geteilte Deutschland wiedervereinigt...Der neue Markt lockt nicht nur Investoren und Konzerne an, auch organisierte Kriminalität sickert verdeckt in die neuen Länder ein: Darunter die italienische Mafia. Eine der gefährlichsten und mächtigsten Gruppen setzt sich fest: Die kalabrische 'Ndrangheta.

Fast alle heutigen Deutschen haben ein schlechtes Gewissen für das, was das damalige Hitlerreich den Juden angetan hat. Gerade deshalb kommen die immer wieder vorkommenden Juden-Anfeindungen von muslimischen Flüchtlingen. Ein Beispiel dazu brachte t-online am 20. 6. 2022:

„Ein Werk auf der Kasseler Kunstmesse documenta sorgte dabei für eine Welle der Empörung (wie t-online berichtete): Auslöser war eine Installation auf dem Kasseler Friedrichsplatz: In einem großformatigen Wimmelbild der indonesischen Künstlergruppe "Taring Padi" finden sich diverse Darstellungen, die offensichtlich antisemitische Stereotype verwenden. So findet sich unter den Motiven ein Charakter mit einem Schweinekopf, der auf dem Halstuch einen Davidstern trägt – auf seinem Helm steht "Mossad", die Bezeichnung des israelischen Auslandsgeheimdienstes. Weiter lässt sich in dem Bild eine Figur erkennen, die mit auffällig langer Nase und Schläfenlocken gezeichnet ist, Merkmale, die die Figur wohl als jüdisch kennzeichnen sollen. Sie trägt offenbar Kippa und einen Hut, auf dem die "SS"-Runen prangen."

Hinzu kommen die Ergebnisse der im Brief des folgenden Kapitels nicht beachteten Warnungen zur Zuwanderungspolitik. Eines der damals vorausgesagten Warnungen: „Wer Außengrenzen schützt, hilft Schulen."

65

Sie wurden nicht geschützt und auch deshalb diese Presseüberschrift vom 7. 1. 2020 (HA). Darin wird über das Buch „Die Macht der Moschee" des früheren Leiters des ARD-Magazins „Panorama", Joachim Wagner, berichtet. Er kam „zu alarmierenden Ergebnissen."

Bei Abgeordneten blieben seine Feststellungen und Angebote zu Vorträgen fast immer ohne Ergebnis. Eine Debatte über die Probleme ist weiterhin tabu-belastet. Die jetzt schlechten Pisa-Ergebnisse hätten gezeigt, „das Wichtigste ist, dass wir die Schulen mit hohen Anteilen von Schülern nichtdeutscher Herkunftssprache noch stärker als bisher unterstützen müssen." – Er schrieb und sprach auch über das „Konsum-Denken". Aber nicht darüber, dass Lehrer fehlen und von diesen auch durch die Zuwanderer unglaublich viel verlangt wird.

Also Probleme über Probleme. Und dazu zusätzlich die Probleme der durch Corona ausgefallenen Einkünfte, des ausgefallenen Schulunterrichts und der Umwelt.

Nicht umsonst wollen Geologen „wegen der beispiellosen menschlichen Einflüsse auf den Planeten ein neues Erdzeitalter ausrufen." Genannt: **„Anthropozän"**. Darüber berichtete 3Sat am 2. 3. 2017. Zu den Veränderungen durch den Menschen zählen die Geologen neben dem Klimawandel „Veränderungen der Kreisläufe etwa von Kohlenstoff, Stickstoff und Phosphor, die Verbreitung von Plastik, Aluminium, Beton-Partikeln, Flugasche und radioaktivem Fallout."

Während bislang noch das Zeitalter nach der Eiszeit, genannt „Holozän" gilt, soll das neue Zeitalter Mitte des 20. Jahrhunderts beginnen. – In diesem Zeitalter, in dem sich vieles wegen des „Zukunftserhalts" ändern müsste, leben wir heute – und müssen deshalb gegen den Untergang kämpfen. Im neuen Untergangs-zeitalter „Anthropozän". – Wenn dies nicht aufgehalten wird. Und weshalb auch die „LETZTE GENERATION" wie im Kapitel 16 dagegen arbeitet.

Da sich zusätzlich die Weltbevölkerung zumindest in Afrika vermehrt und alle immer mehr haben und konsu-mieren wollen, gibt es die Klimaerwärmung und bald die „Welt ohne Wasser". - Die Klimaerwärmung wird also weiter erhöht. um auf die „Welt ohne Wasser" hin-zuarbeiten.

Der im vorherigen Kapitel zitierte Zukunftsforscher Opaschowski wurde am 26. 12. 2019 (B. Sprengel/t-online/dpa) erneut zitiert: „Das Umweltbewusstsein im Urlaub tut weh – und freiwillig ist man nicht bereit, auf die Urlaubsfreude zu verzichten." Der Tourismus – ob Kreuzfahrten oder Flugreise – erreiche neue Rekord-zahlen. Er verwies dabei auf einen Slogan des Bundes-wirtschaftsministeriums: „Klimaschutz beginnt zu Hau-se." Er würde dies ergänzen mit: „Und endet dort." - Kurz darnach kam dann die Corona-Änderung. Die Reisen in ferne Länder, ja selbst im eigenen Land, un-terblieben weitgehend. Doch 2021 ging es dann wieder los. Die Flughäfen schafften die Mengen nicht.

———————————

Kapitel 5:
Die Flüchtlingszuwanderung1915 bis 2023.

Am 4. September 2019 zeigte das ZDF-Fernsehen: **„Angela Merkels Schicksalstag. 4. September 2015.** Und die Zeitungsüberschrift im „Hamburger Abendblatt" des selben Tages lautete: **„Heute zeigt ein ZDF-Dokudrama ‚die Stunden der Entscheidung' in der Flüchtlingskrise".**

2015 erfuhr die Bundeskanzlerin, dass die ungarische Regierung den Fußmarsch tausender Flüchtlinge nach Österreich und Deutschland mit Hilfe von Bussen beschleunigte."

„Für den ZDF-Redaktionsleiter Brauburger lautete die Kernfrage jener Tage: ‚Gab es damals noch Spielraum, anders zu entscheiden?' Hätte Merkel die Grenzen schließen sollen? Seine Antwort: ‚Darüber kann sich nur jeder sein eigenes Urteil bilden.' (dpa/HA)

Sie hätte anders entscheiden können, denn schon 2015 analisierte Generalmajor a.D. Gerd Schultze-Rhonhof warnend die politische Wirklichkeit und Zukunft in einem Brief an die Bundeskanzlerin. Doch beachtet wurde davon nichts. Genauso wenig, wie von den Briefen und Petitionen heute beachtet wird. Fast alles trat, auch bei der Asylantenflut, entsprechend dem Brief ein.

Weil sich, wie fast immer, keiner in Regierungen um die Warner kümmert, wurden auch Parteien wie die Alternative für Deutschland (AfD) von vielen Bürgern gewählt, die sogar bei der Thüringen Wahl am 2. 2. 2020 für den Ministerpräsidenten sorgte. Aber sind die alle ganz bösartig rechts, während die frühere Ost-SED-Partei, die Linke, ganz lieb links ist? Herr Schulze-Rhonhof schrieb auch noch ein Buch.

Am 18. 11. 2019 wurde (HA/dpa) aus der „Welt am Sonntag" vom Vortage berichtet: „Seehofer will einen Neuanfang in der Migrationspolitik." Das sollte dann ein Neuanfang in Europa sein, mit Vorprüfung an den Außengrenzen und dortiger Ablehnung, bei unbegründetem Asylantrag. Und die Bundeskanzlerin Merkel sagte in ihrer Neujahrsansprache 2019: „Da ist die Schicksalsfrage des Klimawandels, die der Steuerung und Ordnung der Migration, da ist der Kampf gegen den internationalen Terrorismus."

Doch schon 2015 fasste der rund 20-seitige Brief von Herrn Schulze-Rhonhof die Probleme der ersten Asylantenflut und deren Ursachen und Ergebnisse vorher zusammen. Herr Schultze-Rhonhof sagte mir dazu am 7. 8. 2019, dass er seinerzeit auch Bundestagsabgeordnete informiert hätte, aber ohne Resonanz. Und leider brächten immer mehr Menschen ja auch immer mehr Umwelt-Niedergang.

Aber zuvor noch der Hinweis, dass auch andere 2015 auf die Asylanten-Probleme hinwiesen. Beispielsweise hieß am 17. 10. 2015 die Überschrift der Zeitschrift „FOCUS": „Braucht Deutschland einen ZAUN? Warum das große Willkommen uns überfordert. Wie sich die Kanzlerin Merkel immer mehr Feinde schafft."

Andererseits wurden die Asylanten auf dem Münchner Bahnhof mit Bananen und Willkommen begrüßt. Damals machte die Kanzlerin auch das, was große Teile der Bevölkerung wollten: Helfen! Nur wurden die Probleme und Asylantenmengen dann immer mehr. Und Sie werden durch die Klimaerwärmung vielleicht noch mehr. –

Doch nun zum umfangreichen Brief von Gerd Schultze-Rhonhof an die deutsche Bundeskanzlerin 2015, aus dem ich aber nur Auszüge bringen will:

Sehr geehrte Frau Bundeskanzlerin,

„Ich möchte nicht als ausländerfeindlich gelten. Habe ein halbes Jahr lang einem Armutsflüchtling ohne Gegenleistung ein Zimmer mit Bad gestellt, ihn an den Mahlzeiten der Familie teilnehmen lassen, ein Fahrrad geschenkt und ihn unfallversichert. Trotzdem meine ich, dass die jetzige, in Deutschland gewährte grenzenlose Gastfreundschaft gegenüber Migranten sinnlos ist, unser Sozialsystem und unseren sozialen Frieden zerstört, das bisher noch vorhandene Vertrauen unserer Bevölkerung in die Funktionsfähigkeit von Parlament, Demokratie und Kommission der Europäischen Union im allgemeinen und die Fähigkeiten der hier politisch handelnden Funktionsträger im besonderen schwer beschädigt…

Anfang einer Völkerwanderung: Der jetzige Strom an Zuwanderern ist kein einmaliges und mit unseren bisherigen Gewohnheiten und Mitteln zu lösendes europäisches Problem. Und die großzügigen Gesten der deutschen und der österreichischen Regierung, ein paar Tausend in Budapest „aufgestaute" Migranten ins Land zu lassen, um das dortige Elend zu beenden, sind nicht, wie einige deutsche Minister geäußert haben, ein einmaliger Akt. Es wird ein Drama mit immer neuen Szenen geben. Das jetzige Drama ist der Anfang eines stets weiter anschwellenden Problems, der Anfang einer Völkerwanderung. Außerdem ist diese Völkerwanderung aus der Migranten-Sicht nicht in erster Linie ein europäisches Problem, weil die meisten Migranten ganz bewusst Deutschland und Österreich wegen ihrer Sozialsysteme und ihrer Ausländerfreundlichkeit ansteuern. ..

Drei Migranten-Ströme: Wir werden jetzt von drei Migranten-Strömen überrollt, aus Afrika, aus Kriegsgebieten und aus den südlichen Balkanländern.

Afrika: Afrika hat einen jährlichen Bevölkerungszuwachs von 30 Millionen Menschen. Ein erheblicher Anteil dieser Menschen wird Jahr für Jahr nach Europa drängen. …

Kriegsgebiete: Auch die Flüchtlinge aus Kriegsgebieten kommen derzeit aus Territorien, an deren Destabilisierung ein Teil unserer Verbündeten mit offenen Kriegshandlungen, Geheimdiensten, Söldnern und Geldzuwendungen einen wesentlichen Anteil hat. Kriegsflüchtlingen muss zwar zeitweise Schutz und Bleibe geboten werden, aber nach den Kriegen sollten sie ihre Länder wieder aufbauen und dazu repatriiert werden. Jahrelanges Verbleiben in Deutschland, Asylanträge mit oft jahrelangen Gerichtsverfahren durch den Instanzenweg hindurch und sogenannte Abschiebehindernisse führen dazu, dass das für die Kriegsdauer gewährte Gastrecht von vielen Flüchtlingen zu einem Anspruch auf Dauerverbleib und ein leichteres Leben in Deutschland ausgenutzt wird.. ..

Südliche Balkanländer: Eine dritte Gruppe sind derzeit die Migranten aus den südlichen Balkanländern. Es sind in der Regel Menschen mit dem verständlichen Wunsch nach einem materiell besseren und sichereren Leben. Solange sie in geringen Zahlen kamen, konnte unser Volk sie materiell versorgen, und es bestand eine größere Chance, sie in unsere Gesellschaft zu integrieren. Der jetzt auf Deutschland zurollende, ungebremste Migranten-Strom aus dieser Region sprengt zusammen mit den zwei vorgenannten Migranten-Bewegungen auf Dauer unsere Staats- und Kommunalfinanzen, zerstört den Bürgerfrieden in kleinen Städten, Ortschaften und in vielen Stadtteilen großer Städte und überfordert die Kapazitäten der Kommunalverwaltungen, der karitativen Einrichtungen und der freiwilligen deutschen Helfer.

Verpflichtungen: Wir sind nicht verpflichtet, unsere materielle und kulturelle Substanz und unsere auf numerischer Überlegenheit beruhende Selbstbestimmung im eigenen Land auf Dauer an fremdstämmige Migranten-Mehrheiten abzugeben. Dabei ist nicht nur an die direkte Zuwanderung zu denken. Im Haus neben mir z. B. wohnt eine Migranten-Familie (ohne Deutschkenntnisse). Das Familienoberhaupt hat 11 Kinder, und eine seiner Töchter hat bereits 12 Kinder. Fast alle jüngeren Migranten bekunden außerdem, dass sie ihre Familien nachzuholen gedenken.

Falscher Vergleich: Manche Politiker kommen uns mit falschen Vergleichen, so z. B. mit der Aufnahme der ostdeutschen Vertriebenen 1945 und 1946. Die damaligen Vertriebenen wurden samt und sonders von Polen, Tschechen und Sowjets mit roher Gewalt aus ihrer Heimat ausgetrieben, in der sie trotz aller Kriegszerstörungen sonst gern geblieben wären. Die Vertriebe-

nen flohen auch nicht in ein reiches, „gelobtes Land",
um besser zu leben. Sie flohen in einen ebenfalls verwüsteten, verarmten Teil ihres eigenen Landes. Ihre
Perspektive ergab sich aus ihrer Integrationsfähigkeit,
aus ihrem Fleiß und ihrer Fähigkeit, das zerstörte Westdeutschland wieder mit aufzubauen.

Zuwanderungskritik: Die durch Beschimpfungen und
Mediendruck nicht mehr öffentlich geäußerte Zuwanderungskritik entzündet sich vordergründig an dem zur
Schau gestellten Verhalten etlicher Migranten. Sie hat
aber auch eine grundsätzliche Dimension. Die vorder-
gründige Kritik entzündet sich am unangemessenen
Verhalten einiger Asylanten und in Deutschland ver-
bleibender oder geduldeter **Migranten:** Es mag nicht
häufig vorkommen, aber es „verbreitet" sich schnell auf
dem Erzählweg. Ich nenne aufdringliches Macho-Ver-
halten, Missachtung von deutschen Frauen, z. B. Ver-
höhnung von Helferinnen, die den Toilettendreck der
Migranten entfernen, Drogenhandel, Rempeleien und
Schlägereien, überzogene Anspruchshaltung bei Behörden und Ärzten, mangelhafte Hygiene in den Unter-
künften, das Verdrängen anderer Ethnien bis hin zur
Drangsalierung deutschstämmiger Kinder in mehrheitlich migrantenstämmigen Schulklassen u.a.m..

Sie, Frau Dr. Merkel, sagen heute: „Deutschland und
Europa werden sich verändern". Sie sagten aber noch
im November 2004: „Die multikulturelle Gesellschaft
ist gescheitert". Ihre Anpassung in dieser Hinsicht
zeugt von Resignation oder von Prinzipienlosigkeit.
Bitte verstehen Sie, dass ein großer Teil der deutsch-
stämmigen Deutschen Ihren Sinneswandel nicht mit
vollziehen kann und will. Viele Bürger wollen, dass sie,

ihre Kinder und Kindeskinder der dominierende Bevölkerungsteil im eigenen Lande bleiben. Sie sehen in der anrollenden Völkerwanderung eine kalte Eroberung. Viele sind überzeugt, dass die Worte unseres Altkanzlers Schmidt der nahenden Realität entsprechen: „Wir können nicht mehr Ausländer verdauen, das gibt Mord und Totschlag."

Es seien erwähnt:

– die Missstimmung in einer großen Zahl anderer EU Staaten über Deutschlands Vorpreschen mit seiner Migranten-Aufnahme und über den von ihm ausgeübten Druck zur Übernahme von Migranten nach einer Quote,

– das Bilden weiterer Parallelgesellschaften durch nicht gelungene Integration (hierauf hat Brandenburgs Innenminister Schönbohm schon 1999 hingewiesen.),

– das Abgleiten weiterer Stadtteile in Zonen außerhalb deutschen Rechts und deutscher Polizeigewalt,

– der überproportionale Zuzug von in den Arbeitsmarkt nicht vermittelbaren Migranten bei unterproportionalem Zuzug von arbeitsmarkttauglichen Migranten,

– dadurch die Zunahme der Armen und der Armut in Deutschland,

– das Absenken der durchschnittlichen Pisa-Vergleichs-Ergebnisse für die Kinder der Wohnbevölkerung in Deutschland,

– die anwachsenden Sozialkosten und Transferleistungen in nicht abschätzbarem Ausmaß,

– dadurch zunehmende Belastungen für die öffentlichen Haushalte und deren erneute Verschuldung,

– die weitere Desintegration der deutschen Bevölkerung,

– das „Einwandern" von Antisemitismus und von ethnischen und religiösen Konflikten aus den Herkunftsländern,

– die Überlastung des Schulwesens, von Sozialarbeitern, Angestellten der Arbeitsämter und Sozialbehörden, Betreuern, Sonderlehrern, Kita-Mitarbeiterinnen, Gefängnispersonal usw.,

– das Bilden eines neuen Großstadtproletariats aus arbeits- und beschäftigungslosen, nicht integrierten Migranten und abgelehnten, abschiebebedrohten und untergetauchten Asylbewerbern, deren hohe Erwartungen an Deutschland sich trotz eines anfangs herzlichen Willkommens nicht erfüllt haben,

- die verdeckten und leichteren Einreisemöglichkeiten für Extremisten und Terroristen.

- Seenotrettung im Mittelmeer ist eine humanitär unumgängliche Maßnahme, bringt aber auch ein Mengenproblem.

– Deutsche Unterstützung Griechenlands und Ungarns bei der Aufnahme und Registrierung lindert zwar die Not der dort wartenden Migranten, aber sie verstärkt eher den Anreiz für weitere Migranten, als dass es sie bremst.

– Die Vorschläge, bessere Aufnahmeeinrichtungen bereitzustellen, unserer Willkommenskultur zu stärken und Wohnungen für Migranten zu bauen, nehmen zwar den Druck von den angekommenen Migranten, aber sie erzeugen nur Anreize für immer neue Migranten.

– Mit der „ganzen Härte des Gesetzes gegen rechtsradikale Gewalttäter vorzugehen". Das ist eine Selbstverständlichkeit, aber keine Lösung des Problems.

– Auch der Vorschlag eines Parteichefs „Der Bund muss dauerhaft mehr Kosten übernehmen." wirkt angesichts der Lage ziemlich hilflos.

– Der Vorschlag eines Zuwanderungsgesetzes ist mindestens 30 Jahre alt. Dass wir keines haben, zeugt davon, dass die Parteien sich nicht einigen können, was sie damit bezwecken wollen.

– Ein Vorschlag der EU Kommission, 1,8 Milliarden Euro für Projekte in Afrika zur Verfügung zu stellen, um dort Not zu lindern, verschließt die Augen vor der dortigen Bevölkerungsexplosion und der Wirkungslosigkeit der vielen schon bisher dorthin transferierten Milliarden.

Vorwurf und Bitte:

Was wollen Sie der deutschen Bevölkerung noch alles zumuten? Reichen die verspielten Milliarden für die Griechenland-Finanzhilfen und die meiner Meinung nach damit begangene Konkursverschleppung nicht? Ist Ihnen die Verkaufszahl für das Sarrazin-Buch „Deutschland schafft sich ab" mit 1,5 Millionen Exemplaren in kürzester Zeit keine Warnung gewesen? Wollen Sie die nachfolgenden Generationen in unserem Land noch mit weiteren Transferleistungen und Sozialkosten belasten? Schrecken Sie die rund 50 % Nichtwähler nicht, die Ihnen bei jeder Wahl den Rücken zeigen? Wollen Sie Ihre politische Legitimation durch einen weiteren Anstieg der Nichtwähler-Prozente weiter untergraben?

Ich bitte Sie dringend, zu erwirken, - dass der Rechts-Instanzenweg im Asylverfahren abgeschafft wird, (In der Schweiz sind Asylverfahren in der Regel binnen 48 Stunden abgeschlossen.) – dass die Asylverfahren afrikanischer Migranten in Nordafrika oder in den Herkunftsländern der Migranten abgewickelt werden, - dass die Einwanderung per Schiff über das Mittelmeer nach australischem Vorbild unterbunden wird, (Australiens Regierung hat in allen Herkunftsländern Zeitungs- und TV-Anzeigen geschaltet und bekannt gemacht, - dass Asylanträge nur noch in den dortigen Konsulaten angenommen und Bootsflüchtlinge generell zurückschickt werden. Die australische Marine nimmt Flüchtlingsboote „auf den Haken", in Seenot geratene Migranten an Bord und fährt sie an die nächste Küste auf dem Gegenufer zurück, – dass Angehörige von Nicht-EU-Balkanstaaten und aus asiatischen Unruhe- und Armutsgebieten ihre Asyl- oder Einwanderungsbegehren nur an deutschen Vertretungen in ihren Heimatländern vorbringen können, und dass Angehörige aus diesen Staaten und Gebieten ohne positive Asyl- oder Einwanderungsbescheide bei illegaler Einwanderung sofort repatriiert werden, und dass dies in den Herkunftsländern bekannt gemacht wird, – dass nur Asyl- und Einwanderungsbegehrende aus Kriegsgebieten wie derzeit Syrien wie bisher behandelt werden, – dass die Einwanderung generell nach kanadischem Vorbild und deutschem Interesse gesteuert wird, (Auswahl nach jährlichem deutschem Zuwanderungsbedarf, deutschen Sprachkenntnissen, Berufserfahrung und Bedarf am Beruf in Deutschland, Bildungsstand und Alter. Australien und Dänemark haben ähnliche Aufnahmekriterien) und

77

Sie sind eine deutsche Politikerin und zuerst dem Wohle des deutschen Volks verpflichtet, und Sie sollten nicht versuchen, mit dem Drängen auf eine Quotenregelung schon wieder den „EU-Schwarzen Peter" in die Hand zu nehmen.

Mit freundlichem Gruß

Ihr Gerd Schultze-Rhonhof

Leider ist fast der gesamte Briefinhalt eingetroffen oder trifft noch ein.

Bereits zu Silvester des selben Jahres 2015 drängten sich auf der Domplatte vor dem Kölner Dom tausende Menschen. „In der Masse sind Frauen eingekesselt, bestohlen, bedrängt, begrapscht und auch vergewaltigt worden." Es war „die Silvesternacht, die alles veränderte." So schrieb Miguel Sanches am 30. 12. 2020 im Hamburger Abendblatt. Es waren aber meistens nordafrikanische Männer.

Und im selben Jahr erfolgten am 16. November die verheerenden Terroranschläge von Islamisten in Paris. Der Polizist Adel erzählte, wie er an jenem Tag „durch Blut und über Leichen waten musste. Bilder, die ihn seitdem nicht mehr loslassen." (8. 3. 2021 HA)

Von 2014 bis 2017 wütete im Irak die Terrormiliz „Islamischer Staat" (IS). In der An-Nuri Moschee in Mossul hatte der IS-Gründer Abu Bakr al Baghdadi im Juni 2014 ein Kalifat ausgerufen, dass sich später über weite Teile des Iraks, Syriens und Afghanistans erstreckte. Viele flohen seinerzeit 2015 bis 2018 aus dem Irak auch nach Deutschland. Und entsprechend begann auch damals schon die Flucht aus dem nahen

Afghanistan, wo die fast entsprechenden Taliban die Bevölkerung unter- drückten.

Am 12. 11. 2020 wurde gemeldet (Bild): „An einer Grundschule in Berlin: Elfjähriger drohte, Lehrerin zu enthaupten." Die Lehrerin wollte bei einem Elternabend Probleme ansprechen, worauf der muslimische Schüler sagte: „Dann mache ich mit dir das Gleiche wie der Junge mit dem Lehrer in Paris." Dort hatte ein Lehrer im Unterricht Mohammed-Karikaturen gezeigt, worauf er von einem Schüler enthauptet wurde. Als eine Woche zuvor dieses Lehrers Samuel Paty gedacht wurde, hatte der Schüler bereits behauptet: „Man dürfe jemanden töten, der den Propheten beleidigt habe."

Die Welt veränderte sich entsprechend dem Brief an die Bundeskanzlerin grundlegend.

So schrieben am 7./8. 12. 2019 Eltern im Leserbrief zur Meldung, dass 20 % der Schüler nicht richtig lesen können, über „unsägliche Zustände an Schulen.": … Angriffe mit Steinen und Messern, fliegende Stühle im Klassenzimmer und Mobbing sind…heutzutage Standard…Lehrer …haben keine entsprechende Handhabe, um diesen unsäglichen Zuständen ein Ende zu bereiten. Sie sollen alleine um die 25 bis 30 Kinder gut unterrichten, von denen einige nicht gut oder gar kein Deutsch sprechen und andere verhaltensauffällig sind und Förderbedarf haben…."

Joachim Wagner, er leitete das Politmagazin „Panorama" des NDR, schrieb am 10. 10. 2020 (HA): „5 Jahre nach Merkels ‚Wir schaffen das': Schulen sind die

79

Hauptleidtragenden der Zuwanderung." Er begann mit den Büchern von Lehrkräften, wie „Lehrer über dem Limit", „Schulen vor dem Kollaps", „Warum die Integration scheitert" etc. und viele schrieben auch Briefe an die Politik.

Am 28. 1. 2021 brachte die Zeitung: „Anschläge des IS: Eine Chronologie der Gewalt." (HA) – Und dann wurden, 2016 beginnend, mal eben 10 Terroranschläge in Europa beschrieben: 14. 1. 2016 in Nizza, 19. 12. 2016 in Berlin, 3. 6. 2017 in London, 28. 7. 2017 in Hamburg, 17. 8. 2017 in Barcelona, 18. 3. 2019 in Utrecht, 4. 10. 2020 in Dresden, 16. 10. 2020 in Paris, 29. 10. 2020 in Nizza – und 2. 11. 2020 in Wien.

Am 14./15. 11. 2020 schrieb dazu die Kritik im „Hamburger Abendblatt": „...wir schauen lieber weg oder schweigen verlegen." - Der Brief warnte also völlig zu recht.

Am 6. August 2019 (HA/dpa) hieß es deshalb auch: „Europäer sehen Zuwanderung problematischer als Klimawandel." Laut Umfragen der EU-Kommission nannten 34 % der Europäer die Einwanderung als größtes Problem und nur 22 % den Klimawandel. In Deutschland nannten 37 % die Zuwanderung als größtes Problem. „Am schwersten wiegt jedoch, dass die Zuwanderungswelle nach 1915 etc. . . . „Die Lernrückstände zwischen Kindern mit und ohne Migrationshintergrund betragen ein bis zwei Jahre."

Am 19. 6. 2020 war die Meldung: „Fast 80 Millionen Menschen auf der Flucht. Neue Zahlen der UNO. (HA/jule).

Und am 16. 9. 2020 hieß es (HA): „Pro und Kontra: Muss Deutschland Flüchtlinge von Moria aufnehmen? Nein! Wir dürfen die Fehler von 2015 nicht wiederholen."

Da ist es nicht verwunderlich, dass der Ärger über die Asylantenvermehrung die Verärgerten zusammenführt. Am 5. 5. 2021 beschrieb der Fernsehsender 3SAT um 20.15 Uhr die „Neue Rechte" als Netzwerk von intellektuellen Vordenkern, allen voran der Verleger und Autor Götz Kubitschek als enger Vertrauter des Thüringer AfD Landeschefs Björn Höcke. Hinzu kommt Martin Sellner, Vorsitzender der identitären Bewegung.

Der Begriff „Neue Rechte" dient vor allem zur Abgrenzung gegen dem Nationalsozialismus. Die Wurzeln reichen zurück bis in die Weimarer Republik zu Vordenkern, wie Armin Mohrer, Carl Schmidt und Ernst Jünger. Sie setzt die liberale Demokratie unter Druck.

Allerdings gibt es wieder den sich so nennenden „Nationalsozialistischen Untergrund", der sich abgekürzt „NSU 2,0" nennt und besonders durch Drohmailserien bekannt wurde. Der deutsche Innenminister Seehofer wird zitiert (5. 5. 2021 HA) mit „Rechtsextremisten ziehen eine „kontinuierliche Blutspur" durch Deutschland.

Doch das ist aber immer noch nicht alles: In Sachsen gibt es besonders die „Patriotischen Europäer gegen die Islamisierung Europas" , abgekürzt „Pegida". „Unter dem Namen Pegida versammelten sich erstmals im Herbst 2014 einige Menschen in Dresden. Die Gruppe um Frontmann Lutz Bachmann traf sich immer Montags...Am 12. Januar 2015 erreichte dann der ‚Spaziergang' der Anhänger mit 25.000 Teilnehmern seinen Höhepunkt. (HA 8./9. 5. 2021/dpa). Auch Pegida wird heute als extremistisch eingestuft. Alles auch, zumindest teilweise, Ergebnisse des nicht beachteten Briefes in diesem Kapitel und der neuen Asylbewerbermenge 2021.

Die Bild-Zeitung titelte dazu am 24. 9. 2021 (durch die Herren Tiede, Sauerbier und Rabie aus Berlin): „Zehntausende Migranten auf dem Weg nach Deutschland. So lässt sich die Regierung mit den Flüchtlingen austricksen. „Denn das Gespenst von 2015 ist zurück. Noch sind es keine Millionen. Aber Zehntausende sind schon hier – und noch mehr werden derzeit auf den Weg gebracht. Vor allem Griechenland lehrt seine Lager systematisch auf Kosten Deutschlands." Und dann kommt „DER NEUE GRIECHENTRICK" Dabei wird dann der Schutzstatus massenhaft erteilt, wodurch die Flüchtlinge frei in der EU reisen können. Weil sie in Griechenland ganz schlecht untergebracht sind, wollen sie weg. Und wohin? Natürlich nach Deutschland, denn dort geht es ihnen am besten. Von anderer Seite kommen Tausende zum Deutschland-Asyl über den Belarus-Diktator Lukaschenko über Polen Richtung Deutschland zu Schlepperpreisen von fast 6.000 Dollar. Und am 29. 10. 2021 schrieb „Bild": „Die Zahl der Zuwanderer nach Deutschland und die EU wächst erstmals seit der Flüchtlingskrise (2015/16) deutlich an." Und Horst Seehofer warnte in BILD LIVE „zum ersten Mal seit vielen Jahren am Tag über 1000 Zuwanderer."

82

„Asylbewerberzahl steigt um fast ein Drittel", war dann am 27. 12. 2921 eine Hauptüberschrift im „Hamburger Abendblatt". Und darunter stand dann: „Deutschland bleibt das Hauptziel. Serie der Flüchtlingsdramen im östlichen Mittelmeer reist nicht ab: Mehrere Tote bei Havarien vor Griechenland." Das sind dann aber nur die mit einem Boot aus Afrika kommenden.

Außerdem beziehen sich fast alle als Beweis für die Richtigkeit der Asylantenflut mit muslimischem Glauben auch auf das mit rund 1,5 Millionen Exemplaren verkaufte Buch „Deutschland schafft sich ab" von dem früheren Berliner Senator Sarrazin. Die SPD wollte davon nichts wissen.

Aber die Zeitungen füllen sich als Ergebnis immer mehr auch mit negativen Ergebnissen der muslimischen Einwanderung. Am 7. 9. 2021 hieß es in der „Bild-Zeitung": „Dieser Rentner stoppte den Islamisten." Der Afghane Malik sah eine Frau im Garten arbeiten und wollte ihr deshalb mit dem Messer die Kehle durchschneiden, weil seines Erachtens Frauen solch Arbeit nicht machen sollten. Ein Rentner griff ein und rettete die Frau. Er wurde dabei selbst sehr schwer verletzt.

Dabei denke ich an den voll integrierten Afghanen der zu mir sagte, als ich ihn nach Details zu seinem Balkon fragte, dass er dazu erst seine Frau fragen müsse, denn er sei ja hier in Deutschland und nicht in Afghanistan. Ich wiederhole dies immer wieder, weil sich tatsächlich viele Migranten gut integrieren und auch gute Arbeit leisten.

Am 17. 9. 2021 hieß es dann beispielsweise: „Eine islamistisch motivierte Bedrohungslage. Dabei nahmen

Polizisten einen 16 Jahre alten Syrer fest, der einen Anschlag auf eine Synagoge geplant haben sollte ((HA). Oder am 1. 10. 2021 hieß es: „Afghanischer Flüchtling schändet Kirche in Thüringen. Er riss sogar ein Kruzifix aus der Wand." (Bild – Der war aber schon 25 Jahre alt.) .

Das Problem sind dabei immer wieder die muslimischen Einwanderer, die in ihrem dann neuen Land im Beruf und in der Kultur keine Heimat gefunden haben. Sie bleiben fremd.

Andererseits sagte der deutsche Wirtschafts- und Klimaminister Habeck: „Wir brauchen dringend mehr Zuwanderer" (5./6. 2. 2022 HA) „Im Herbst 2021 fehlten 390.000 Fachkräfte," war dabei eine Grundlage. Und deshalb sollten auch Fachkräfte im Ausland angeworben werden. Aber keine Million unausgebildeter Flüchtlinge hereingeholt.

Es fehlten also in Deutschland Ende 2021 fast 400.000 Fachkräfte. Aber es fehlten früher auch Personen, die kleine wichtige Läden übernahmen. Beispielsweise ging ich zum nächsten Geschäft mit Zeitungen und vielem mehr. Der Inhaber leitete das Geschäft schon seit 2017 – und wo kam er her? Aus Afghanistan. Das war im Mai 2022. Und am 2. Dezember 2022 titelte „Bild": „765 633 erwachsene Flüchtlinge kamen allein seit Januar – 400 000 Fachkräfte brauchen wir jährlich aus dem Ausland." - Aber die Flüchtlinge sind ja nur zum Teil Fachkräfte und können oft die Landessprache Deutsch nicht verstehen. Also dann doch Hartzer oder Bürgergeld?

Zuvor sprach ich mit 2 Personen, die sich bislang für die Stadt um die Flüchtlinge aus der Ukraine kümmerten. Denn der Ukraine Krieg brachte ja rund 10 Millionen Flüchtlinge nach Europa, die aber auch gerne in ihre geliebte Heimat zurückwollten. Sie waren oft schon gut ausgebildet oder auch Frauen, die ihre Kinder in Sicherheit bringen wollten. Diese Flüchtlinge fanden oft schnell eine neue Unterkunft und sogar Arbeit. Die Verwandten und Bekannten die bereits hier waren, halfen ihnen oft. In meiner Stadt kümmerten sich, wie gesagt, die genannten 2 Personen um die Unterbringung der Ukraine-Flüchtlinge. Als ich sie fragte, ob denn immer mehr davon kämen, sagten sie mir: „Es kommen weniger – aber jetzt kommen vor allem Flüchtlinge aus Afghanistan – und außerdem wieder aus Syrien." Da tauchte also plötzlich wieder das Problem von 2015 auf. Es kamen wieder Flüchtlinge aus Afghanistan, die dort früher auch mit Europäern und besonders Deutschen zusammen gearbeitet hätten. Außerdem: Frauen würden dort oft einfach zum Tode verurteilt. Plötzlich war also 2022 das Problem von 2015 wieder da.

Das „Hamburger Abendblatt brachte dazu den Bericht der Herren Jesser und Unger: „Allein gelassen mit dem Steinzeit-Regime. - In Afghanistan unterdrücken die Taliban immer stärker Frauen und Kritiker. Auch Helfer der Bundeswehr fühlen sich im Stich gelassen."

Dazu wurden dann Fotos gezeigt: „Das Stadtbild von Kabul ist von der Burka geprägt. Frauen müssen das Gewandt tragen, um ihr Gesicht zu verdecken. - Oder: Verhüllt im Fernsehen: Moderatorin darf ihr Gesicht nicht zeigen."

Und dann wird fürchterliches berichtet: „Das selbsternannte Tugendministerium hat es Frauen am 7. Mai verboten, sich mit unverschleiertem Gesicht in der Öffentlichkeit zu zeigen."

Dazu wurde als Beispiel von einer Frau berichtet, die vor dem Sturz der früheren vom Westen fallen gelassenen Regierung ihre Familie noch mit Nachhilfe-Unterricht ernähren konnte. Sie spricht fließend Englisch. Jetzt war nichts mehr.

Aber die afghanische Filiale des sogenannten Islamischen Staates führte immer wieder Anschläge gegen schiitische Moscheen durch, bei denen rund 100 Menschen starben. Jetzt regieren hier die Taliban mit noch größerer Einschränkung der Frauenfreiheit als zuvor beim Islamischen Staat. Die Frauen sind gehalten eine Burka zu tragen, sie dürfen nur getrennt von den Männern zur Schule gehen und studieren. - Wenn ich allerdings zurückdenke, wurden früher auch in Deutschland Jungs und Mädchen meistens getrennt unterrichtet.

Nachfolgend soll der am 16. 6. 2022 auf t-online beschriebene Bericht des UN Flüchtlingshilfswerks einen Blick in die laufende Verschlimmerung der Flüchtlingsmengen werfen:

„Kriege, Konflikte und Krisen verschärfen die Flüchtlingskrise weltweit. Inzwischen sind erstmals mehr als 100 Millionen Menschen auf der Flucht, so viele wie nie seit dem Zweiten Weltkrieg, wie das UN-Flüchtlingshilfswerk (UNHCR) in Genf berichtete. Die Organisation sprach in ihrem Weltflüchtlingsbericht am

86

Donnerstag von einem "dramatischen Meilenstein", der nicht zuletzt durch den russischen Angriffskrieg gegen die Ukraine sowie die schwierige Lage in Afghanistan und anderen Ländern erreicht worden sei.

Die Vertreibung aus der Ukraine sei die am schnellsten wachsende derartige Krise seit Gründung des UNHCR 1951. Innerhalb von Wochen seien Ukrainerinnen und Ukrainer zur zweitgrößten Flüchtlingsgruppe der Welt geworden, nach Syrerinnen und Syrern. 4,9 Millionen Menschen flüchteten bislang aus der Ukraine, aus Syrien waren es fast sieben Millionen.

Eigentlich bezieht sich der Bericht jeweils auf das vorangegangene Jahr. Wegen der dramatischen Folgen des russischen Angriffskriegs nannte das UNHCR ausnahmsweise auch die aktuelle Flüchtlingszahl vom Mai 2022. Aber auch Ende 2021 sei bereits eine Rekordzahl von Menschen auf der Flucht gewesen: 89,3 Millionen, acht Prozent mehr als ein Jahr zuvor, berichtete das UNHCR. Es war der 15. jährliche Anstieg in Folge. Insgesamt waren mehr als doppelt so viele Menschen auf der Flucht wie vor zehn Jahren. Rund 60 Prozent der Vertriebenen fanden Zuflucht innerhalb der Grenzen des eigenen Landes.

‚Was wir in der Ostukraine sehen, ist sehr brutal und sehr furchteinflößend‘, sagte Filippo Grandi, UN-Hochkommissar für Flüchtlinge. Es sei aber fatal, wenn das Augenmerk nur auf die Ukraine gerichtet sei. Es fehlten riesige Geldsummen, um Menschen in anderen Erdteilen zu helfen. Er nannte unter anderem Spannungen in West- und Ostafrika, im Mittleren

Osten, die Lage der aus Myanmar vertriebenen Rohingya und die Situation in Südamerika, wo viele Länder Flüchtende aus Venezuela aufgenommen haben. Die Ukraine-Krise habe gezeigt, dass mit politischem Willen viele Menschen aufgenommen werden könnten. Regierungen müssten etwas dagegen tun, wenn Flüchtlinge als Menschen dargestellt werden, die der Bevölkerung nur Arbeitsplätze wegnehmen.

Deutschland war hinter der **Türkei, Kolumbien,** Uganda und Pakistan das größte Gastgeberland, mit 1,3 Millionen Aufgenommenen. Abgesehen von den Nachbarländern Syriens ist Deutschland das größte Aufnahmeland für Syrer, mit 621.000 Flüchtlingen. Insgesamt hätten 87 Prozent aller Flüchtlinge weltweit in Ländern mit niedrigen und mittleren Einkommen Zuflucht gefunden. Die Krisen werden nach Angaben von Grandi immer vertrackter. Konflikte würden durch wachsende Ungleichheit geschürt. Schlechte Regierungsführung verhindere vielerorts die Entwicklung. Der Klimawandel verschärfe etwa den Kampf um Ressourcen, zum Beispiel in der Sahel-Zone in Afrika, was schwelende ethnische Konflikte anheize."

Am 18.2. 2023 (Bild) lauteten die Meldungen: **„Flüchtlingssituation ist dramatischer als 1015"** vom Landtagspräsidenten Reinhard Sager. Und die andere Meldung lautete: „Mehr als 6000 Abgeschobene zurück in Deutschland." Das war von 2020 bis 2022. Außerdem wird am selben Tag aus Berlin-Neukölln von der Luxus-Hochzeit eines Clan-Mitglieds berichtet.

Eine andere Frage lautet: Braucht Deutschland eine Flüchtlingszuwanderung? Dazu schrieb der StepstoneChef Sebastian Dettmers das Buch: „Die große Arbeiterlosigkeit." Er schrieb: „Wir erleben die Arbeiterlosigkeit schon heute, an den Flughäfen, im Handwerk, in der Pflege, in den Schulen." Das Fehlen von Lockführern, Erziehern, Lehrern, Ingenieuren, Ärzten, Feuerwehrleuten, Pflegekräften und Programmierern wird noch viel weitreichendere Konsequenzen haben….Gesucht: Qualifizierte Einwanderer." Das stand in der „Bild" am 27. 6. 2022.

Aber im November 2022 war in der gleichen Zeitung auch zu lesen, dass zweidrittel der Straffälligen Flüchtlinge sind – und die illegale Migration um 63 % steigt. Am 10. Dezember 2022 war dann in der gleichen Zeitung zu lesen: „Vater (aus Mazedonien) verkauft Tochter (16) für 85.000 Euro an Clan." - Also andere Länder andere Sitten. „Die große Arbeiterlosigkeit" ist also auch durch die Zuwanderer nicht so leicht zu beheben.

Und zusätzlich steht jeden Tag ein Bericht über Morde oder Überfälle auf Mitbürger durch ausländische Neu-Bürger in der Zeitung. Man glaubt es kaum. Aber am Freitag, dem 27. Januar 2023 kam ich in einer ruhigen Wohnstraße mit Einfamilienhäusern vom Einkaufen. Da rief mir ein gut gekleideter Mann etwas zu – und kam dann von seinem Auto an meine rechte Seite. Er redete in einer fremden Sprache auf meine Frage: „Do you speak English?" auf mich ein. Seine Hände gingen immer hin und her. Und dann lief er wieder schnell zum Auto. Nur 8 Minuten später merkte ich, dass er meine

Geldtasche mit allen Karten aus der rechten Jacken-
tasche gestohlen hatte. Ich rief also 8 Minuten nach
dem Diebstahl bei der Bank an, mein Konto zu sperren,
aber da hatte der Dieb schon 1.000,- € abgehoben.

———————————

Kapitel 6:
„Es geht um den Erhalt unserer Gesellschaft."

Der russische Philosoph Alexander Dugin sagte im SPIEGEL-Gespräch (in Nr. 29/2014): „Ich bin oft in Deutschland, und wenn ich mir anschaue, was bei ihnen in den Buchhandlungen angeboten wird, dann hat die deutsche Kultur keine Zukunft mehr. Sie leben in einer degradierenden Zivilisation. Wo ist der große deutsche Geist geblieben? Wo die Höhen der französischen Philosophie? Wo die Tiefe der italienischen Kunst?..."

Und der Journalist und Jurist, früherer Leiter des ARD-Magazins „Panorama" sagte im Gespräch mit M. Iken am 7. 1. 2010 im „HamburgerAbendblatt: „Gegen Moral ist bekanntlich schwer zu argumentieren, daher hat es die Gesinnungsethik in Deutschland immer leichter als die Verantwortungsethik. Wir müssen in der Politik aber an die Folgen denken."

2019 war bereits das Ergebnis des von der Bundeskanzlerin und den Abgeordneten nicht beachteten Briefes des Kapitels 11 vorhanden. Und die Bevölkerungsmeinung hatte sich geändert, wie der INSA-Meinungstrend auf die Frage bewies: „Wen würden Sie wählen, wenn am nächsten Sonntag Bundestagswahl wäre?"

Nach Eintritt der im warnend vorausschauenden Brief genannten Änderungen, waren die Antworten Ende September 2019 im ZDF-Politbarometer: CDU 27 %, SPD 13 %, Grüne 27 % und AfD 14 %, – Das waren dann erheblich mehr bei den Grünen, wegen der neuen

Umweltaufmerksamkeit durch „Fridays for Future" - und ebenso bei der AfD, weil in einigen Gegenden die Asylanten schon fast zur Mehrheit wurden. Am 4. 1. 2016, also gleich nach 2015, wollten die CDU noch 36 %, die SPD 22,5 %, Grüne 10 % und AfD nur 9,5 %. wählen. - Also 4,5 % Zuwachs bei der AfD und stolze 17 % bei den Grünen nach 2015.

Bei den Landtagswahlen am 1. 9. 2019 kam die CDU in Sachsen mit 7 % Verlust auf 32,4 % und die AfD mit über 20 % Gewinn auf 27,9 % der Stimmen. Allerdings bekam die AfD beim bundesweiten Sonntagstrend am 7. 6. 2020 nur noch 8 % und die CDU 38 %. Durch Corona hatte sich viel geändert und hinzu kamen noch die angeblichen Nazis in der AfD, die am 3. 3. 2021 dazu führten, dass der deutsche Verfassungsschutz entschied, die AfD zu beobachten, mit schwerwiegenden Folgen für die Partei. Es wurde vielleicht deshalb sofort gerichtlich untersagt.

Am Tag vor der damaligen Wahl in Sachsen wurde veröffentlicht (HA/dpa/Wahl-Immel) „Studie zeigt Skepsis vor Zuwanderung. Eine Mehrheit glaubt, dass dadurch der Sozialstaat belastet wird." (Das waren 71 % im Westen und 83 % im Osten) nur 37 % meinten, dass Deutschland mehr Flüchtlinge aufnehmen solle, weil es humanitär geboten sei. Und 49 % meinten, Deutschland könne keine weitere Flüchtlinge aufnehmen. Und am 6. 9. 2019 (HA) berichtete Julia Emmrich aus Berlin von einer Befragung von 2400 Deutschen zwischen Mai und September: „Die größte Angst haben sie vor den Folgen des Zuzugs von Ausländern." Das waren dann 56 % wegen einer

„Überforderung des Staates durch Flüchtlinge". – Doch so viele wählten die AfD noch nicht. Allerdings in Sachsen fast 30 %. - Ist das rechts – oder Demokratie? Später wurden es dann wegen des Rechtsdrucks in der AfD-Partei viel weniger Prozente.

Der ebenfalls warnende Verfassungsschutzpräsident Hans-Georg Maaßen wurde 2019 in den einstweiligen Ruhestand versetzt und zusätzlich kam in der CDU-Partei sogar die Idee auf, ihn – entsprechend der SPD mit Sarrazin - aus der Partei auszuschließen.

In der NZZ ging Maaßen im Mai 2021 auf seine früheren Äußerungen zu den Aussagen des Regierungs-sprechers Seibert ein, dass rechte Randalierer gezielt in Chemnitz Migranten verfolgt und in „Hetzjagden" durch die Straßen getrieben hätten. Maaßen, der es ja wohl als Verfassungsschutzpräsident wissen musste, widersprach dem – und wurde in den Ruhestand versetzt. Und 2021 wurde er dann aber sogar in Sachsen-Anhalt für die Bundestagswahl 2021 als CDU-Kandidat aufgestellt.

Ende September 2019 schrieb der stellvertretende Chefredakteur des „Hamburger Abendblattes": „Ein Land rutscht nach links. Das ist vor allem für die Rechtspopulisten eine gute Nachricht – und sollte allen Demokraten Warnung sein." Und er schrieb in seiner Kritik u. a. auch: „Merkel hat rechts der Mitte einen großen Raum aufgespannt, welchen die AfD bespielen kann." Damit sie den nicht zu sehr bespielte, trat Maaßen dann, wie gesagt, 2021 im September zur Bundes-tagswahl in Sachsen-Anhalt an.

Etwas ändern sich die Meinungen allerdings, wenn am 11. 9. 2020 die Studie des R+F-Infocenters aus Wiesbaden nach Befragung von Tausenden besagte: Größte Angst haben die Deutschen von der Trump-Politik (53%), nach der Biden-Wahl allerdings hinfällig, vor steigenden Lebenshaltungs-Kosten 51%, vor der EU-Schuldenkrise 49%, vor schlechterer Wirtschaftslage 48%, vor Naturkatastrophen+Unwetter 44% und vor Überforderung und Spannungen durch Ausländer und Flüchtlinge 43%. (HA).

Fast alle Aussagen des im vorigen Kapitel genannten Briefes bestätigten sich, als am 22. 1. 2020 die Zeitungsüberschrift lautete: „Asylanspruch als Folge des Klimawandels (HA/dpa) – Und am 24. 1. 2020 hieß es (BILD): „Geheimbericht warnt vor mehr Migration".

Um die Schwierigkeiten, die einzuschulende Kinder, die noch kein Deutsch können, beim Lernen haben, abzustellen, forderte Carsten Linnemann (CDU), sie sollten in einer Pflichtvorschule die Sprache lernen und dann erst richtig eingeschult werden. Was darauf folgte, war nach dem „Bild-Kommentar" vom 7. 8. 2019 „eine hysterische Debatte, um eine vermeintliche Ausgrenzung." In Wirklichkeit war es nur die Einbringung in die Möglichkeit zu Lernen, um einen Schulabschluss und damit auch eine Lehrstelle zu erreichen. Wenn viele keinen Schulabschluss machen, dann bedeutet dies auch: Mehr Sozialleistungen und mehr Verbrecher und mehr Islamisten. Es geht dann mit der Kultur in Deutschland bergab. - Alle müssen so gefördert werden, dass sie einen Schulabschluss schaffen. Lesen, Schreiben und Rechnen – aber auch Deutsch sollten alle können. Nicht umsonst hieß es von der Berliner Polizei, dass sie einmal keine neuen Polizisten fand, weil kaum einer richtiges Deutsch konnte.

Als Fachfrau wurde dazu die Direktorin Busse einer Schule in Berlin-Neukölln gehört, die FAKTEN nannte: „Laut Lehrerverband spricht mindestens jedes fünfte Kind in der ersten Klasse zu schlecht Deutsch, um dem Unterricht zu folgen. Dramatisch: Schon jetzt steigt laut aktueller Studie (Caritas) die Zahl der Schüler ohne Abschluss. Ein Grund: Mangelnde Sprachkenntnisse."

Soweit – und wieder nicht so gut, denn wie sollen Schüler ohne Abschluss eine Lehrstelle finden? Wie sollen sie, außer in Hartz-IV, integriert werden. Bundesweit sollen laut Caritas 6,9 % der Schüler jährlich ohne Abschluss die Schule verlassen. Das sollen dann über 50.000 sein – in 10 Jahren somit eine halbe Million. Man nimmt ihnen einfach die Möglichkeit, sich auch in die Arbeitswelt zu integrieren, eine Lehre zu machen, denn das duale Ausbildungssystem in Deutschland ist der Hauptmotor der geringen Arbeitslosigkeit. Auch andere Länder wollen es deshalb einführen.

Dazu hieß es am 16. 8. 2019 (HA): „**Viele Betriebe berichten von hoher Motivation**" der Migranten. „**25.000 Geflüchtete machen eine klassische Lehre.**" **Die meisten im Gastgewerbe, es folgen die Verkehrsbranche, die Bau- und dann die Industriebranche.**

Ohne Schulabschluss, Lehre und Arbeit kosten Migranten dann oft jährlich als Arbeitslose oder „Harzer" Geld, das auch im Umwelterhalt und Sozialhaushalt fehlen würde. Und auch durch die Nichtintegration mangels fehlender Schul- oder Ausbildung hieß am 18. 11. 2019 die Meldung: „Jeder zweite Arbeitslose hat Migrationhintergrund....Vor fünf Jahren lag der Wert noch bei 36,4 %" (BILD/hoe). Und oft bemerken die Neubürger, genau wie die deutschen Altbürger, dass Sie mit Hartz IV oft mehr Geld als mit Arbeit verdienen können. Nicht umsonst hieß die Meldung vom 27. 12. 2019 (t-online/dpa): Die Zahlungsansprüche ausländischer Hartz-IV-Bezieher haben sich nach einem Bericht der „Neuen Osnabrücker Zeitung" zufolge seit 2007 fast verdoppelt. 2018 waren es 12,9 Mrd. €, 2007 waren es nur knapp 6,6 Mrd. €. Unter den ausländischen Hartz-IV-Beziehern entfielen von Sept. 2018 bis August 2019 2,4 Mrd. auf Bürger anderer EU-Staaten und 6,1 Mrd. auf Bürger aus den 8 wichtigsten Asyl-Herkunftsstaaten. Sie erhalten dies auch ergänzend bei Arbeit, wenn es nicht für den Lebensunterhalt reicht.

Die Zeitung „Bild" stellte am 1. 12. 2018 eine Floristin aus Hamburg vor, der bei 1.500 € netto Monatslohn nach Abzug von Miete, Heizung etc. nur 2,66 Euro am Tag für das Essen übrig blieben. Das sind nur rund 80 € im Monat. Die Mieten steigen für die Arbeitenden, weil die Wohnungen für die Zuwanderer erst gebaut werden müssen – und darum immer teurer werden. Im Vergleich dazu zeigte die Zeitung eine Karte, nach der eine Hartz IV-Familie mit 2 Kindern 2335,- – 2591,- Euro (incl. Miete, Heizung und Elektro) pro Monat ohne Arbeit erhielt.

Würden dagegen der Mann und die Frau arbeiten, der Mann 2.000,- und die Frau die genannten 1.500,- € netto verdienen, so müssten sie für die Kinder in einer Kita noch rund 500,- € bezahlen, erhielten aber 440 € Kindergeld, macht 3.560,- €. Wenn sie dann für Miete, Heizung und Elektro 1.200,- € pro Monat bezahlen, haben sie nicht mehr als die Hartz IV – Familie für Nicht-Arbeit, die dann aber durch Schwarzarbeit oder Drogenverkauf noch viel Geld hinzu verdienen könnte.

Bei den von der Lehrerin genannten 11 Kindern hätten sie erheblich mehr als die Arbeitenden. Die oft genannten Clans haben deshalb auch oftmals einen Mercedes und handeln vielleicht noch nebenher mit Rauschgift. Am 31. 7. 2020 hieß die Meldung „Zoll: Drogenfunde im Hafen auf Rekordniveau." 2019 waren dies 10 Tonnen und 2020 sollte es ähnlich viel sein. Das macht die Händler reich. Die ganze Nordafrika- und südöstliche Welt will dann in dieses Paradies Deutschland. Wohl auch deshalb hieß am 15. 11. 2019 (HA) die Meldung: „Kokain für 250 Millionen Euro entdeckt: Ziel war Deutschland." Aber immer mehr werdende Rauschgifthändler beschrieb ich ja schon einmal.

Nicht umsonst schrieb ja der frühere Berlin-Neukölln Bürgermeister Buschkowsky (SPD): „Ich habe meinen Kampf um Werte verloren (DIE WELT, 18. 9. 2019)." Mit einem Koffer voller Geld wollte er (beim Fernsehsender RTL) einigen Hartz-IV Empfängern helfen, einen Neuanfang zu schaffen. In der Sendung wurden Familien gezeigt, „die bis zu 30 Jahren von Sozialleistungen leben." – „Buschkowskys Eltern haben sich mit etwas geplagt, was man Erziehung nennt. Man kann auch sagen Wertevermittlung. Diesen Stress tun sich nicht alle an. Das ist der Unterschied."

Und er nennt auch die Politik als Verantwortliche: „Wer heute im Niedriglohnsektor arbeitet, verdient häufig kaum mehr als den Hartz-IV-Satz….Im Niedriglohnsektor kann man deshalb ab 6 Kindern aufhören zu arbeiten." - Man kann aber schon oft bei weniger Kindern aufhören.

Stimmt das? Rechnen wir mit den Hartz IV-Sätzen von 2022 nach: 1 Kind bis 6 Jahre alt 285,- €.

Und nun das Ehepaar mit Kindern und Hartz IV: Mit 2 Kindern 6-13 Jahre alt = 2x311,- € = 622 € mit 2 Kindern 14-17 Jahre alt = 2x376 € = 752 €, sodann 2 Erwachsene in Bedarfsgemeinschaft = 2x449,-,- € = 898,- € Zusammen 2.282,- €, „Plus 900,- € Miete. Plus 140 ,- € Heizung, Wasser, Elektrisch. Dann sind wir bei 3322,-€ x 12 =39.864,- €/Jahr, also mehr als in einigen Berufen auf der kommenden Liste. Und mit Schwarzarbeit oder oder Goldraub aus dem Grünen-Gewölbe in Dresden: Reichtum durch Hartz IV – von den armen Arbeitenden bezahlt.

„Letztlich sind wir dann auch oft bei über 4000,- €/Monat = rund 48.000,- € im Jahr." – Der frühere Bürgermeister Buschkowsky schlug deshalb eine Deckelung wie in den Niederlanden vor. Und weiter berichtet er, dass diejenigen, die sich früher bemühten „das friedliche Zusammenleben zu organisieren und die Lage der Kinder zu verbessern", heute fast alle in Pension sind. „Und die jungen Leute, die nachgekommen sind, haben keinen Bock mehr auf dieses Theater um Integration und den Kampf gegen

98

Unkultur." Und die Gaspreiserhöhungen sind Hartz-IV Beziehern auch egal, den die Heizung wird ihnen ja extra bezahlt.

Und wie viel verdienen die Arbeitenden? Dazu der Gehaltsreport von 2022 (von Frederike Holewik auf t-online am 7. 2. 2022):

.Das verdienen unterschiedliche Berufe:

Die Tabelle zeigt die Gehaltsdaten für ausgewählte Berufe.

Ärzte	78.317 €
Finanzen	45.552 €
(Unternehmens-)Beratung	56.379 €
Ingenieure	59.280 €
IT	56.992 €
Marketing- & PR	45.760 €
Vertrieb	42.847 €
Personalwesen	47.840 €
Einkauf, Materialwirtschaft und Logistik	37.670 €
Gesundheit und soziale Dienste	37.778 €
Handwerk und technische Berufe	44.800 €

Nur 2 Tage später brachte dann die Zeitung „Bild" die große Liste: „Wie viel verdienen die Deutschen?" Und

darin stand dann noch viel mehr. Dort konnte man sehen, dass zum Beispiel der Altenpfleger (wie in der anderen Zusammenfassung 37.800,-€) verdiente. - Der Elektroniker bekam 39.936 €. Insgesamt fehlten aber (lt. Bild 13. 8. 2022, nach Studie IW) 540.00 Fachkräfte, davon 20.600 in der Sozialarbeit.

Doch immer mehr merken, dass die Zukunft vielleicht daneben geht. So hieß die Kritik des Redakteurs Iken im „HamburgerAbendblatt vom 17. /18. 8. 2019: „Wir sind satt und selbstzufrieden." – Und darin schrieb er unter anderem: „Satt, selbstzufrieden und selbstgefällig zeigen sich hierzulande nicht nur Politik und Gesellschaft, sondern auch viele Unternehmen. Die Große Koalition (damals noch SPD + CDU) ist vor allem groß im Entdecken von Gerechtigkeitslücken – und noch größer darin, diese durch Steuermilliarden unverzüglich zu schließen; die Gesellschaft dämmert erschöpft in den eigenen Blasen vor sich hin, sie diskutiert keine Zukunftsfragen, sondern brüllt Andersdenkende an." Das war aber vor Corona. Durch Corona ging es dann in vielen Branchen sehr zurück. Nur die Schulden wurden mehr.

Entgegengesetzt zu Hartz-IV tappten noch 2020 viele Rentner, die gearbeitet haben in „die Armutsfalle" (HA 19./20. 10. 2019): „Jeder dritte Schleswig-Holsteiner muss demnach nach 40 Jahren Arbeit mit weniger als 1000 € im Monat auskommen. Vielen Menschen reicht das nicht bis zum Monatsende." Denn davon müssen ja auch Miete, Heizung, Elektro, Fernsehen etc. bezahlt werden. Und Mieten und Nahrung werden immer teurer. Darum hieß auch am 24. 12. 2019 (also zu Weihnachten) eine Zeitungsüberschrift (HA): „ Immer mehr Rentner brauchen die Tafeln."

Nicht umsonst waren Mitte Juli 2019 laut ARD-DeutschlandTREND von infratest dimap 70 % mit der deutschen Bundesregierung unzufrieden und nur 29 % zufrieden, Mitte Juni 2018 waren sogar fast 80 % unzufrieden. Denn der größte Teil des Volkes muss ja die Geldverteilung der Regierung bezahlen.

Aber alles sollte, zumindest bei den Rentnern, besser werden: Mitte 2020 beschloss die deutsche Regierung eine Grundrente einzuführen. Die niedrigen Renten sollten ab 2021 aufgestockt werden. Aber bei der Idee blieb es dann.

Die Brennpunkte wurden seit 2015 immer mehr. In einem Leitartikel des Hamburger Abendblattes hieß es dazu: „Die neue CDU-Chefin tut gut daran die Flüchtlingskrise von 2015 aufzuarbeiten." Und auf der nächsten Seite hieß es dann: „Die CDU kämpft gegen ihr Trauma. Parteichefin Annegret Kramp-Karrenbauer versucht, einen Schlussstrich unter die Flüchtlingspolitik der Bundeskanzlerin zu ziehen."

Die deutsche und die europäische Wirklichkeit hatten sich eben völlig geändert: „Das hätte der Integrationsbeauftragten nicht passieren dürfen", schrieb deshalb zu den „Weihnachtsgrüßen ohne Weihnachten" Lamya Kaddar ihre Kolumne am 19. 12. 2018 auf t-online.de. Und „Bild" schrieb am selben Tag als Hauptüberschrift „Die peinliche Weihnachts-Karte aus dem Kanzleramt. Integrationsbeauftragte drückt sich vor dem Wort Weihnachten." - Auf der 2. Seite war u. a. zu lesen,

"Stattdessen steht dort: „Egal woran Sie Glauben...wir wünschen Ihnen eine besinnliche Zeit und einen guten Start ins neue Jahr. – „Komisch" hieß es dann: „Zu Ramadan konnte die CDU-Politikerin allen Musliminnen und Muslimen in Deutschland auch eine gesegnete und besinnliche Fastenzeit auf Twitter wünschen."

Die Integrationsbeauftragte wollte eben damit die Integration verbessern. Denn die Integration in den Arbeitsmarkt und in europäisches Leben muss im Vordergrund stehen. Morddrohungen gegen Muslime oder Juden bewirken das Gegenteil. Beispielsweise erhielt der Vorsitzende des Zentralrats der Muslime, Aiman Mazyek kurz vor dem 25. 7. 2020 (Veröffentlichung von t-online) die dritte Morddrohung, mit „NSU 2,0" unterschrieben. Derartige Drohbriefe sollten bis dahin an 69 Personen versandt worden sein.

Also mehr Asylanten oder Einwanderer und mehr Integration wegen einem Mehr an notwendigen Arbeitskräften? Der Vorstandsvorsitzende der deutschen Bundesagentur für Arbeit (mit 96.000 Mitarbeitern) meinte dazu (HA 13. 1. 2021): „Wir brauchen Millionen Arbeitskräfte aus dem Ausland." - Wenn sie denn arbeiten wollen oder zumindest ausgebildet sind. Dabei bietet das deutsche duale Ausbildungssystem die besten Fachleute aus.

Warum braucht man dann angeblich die Arbeitskräfte? Weil jetzt fast 1 Million jährlich mehr sterben als geboren werden. (HA 14. 1. 2021). Die Geburten sind vor allem weniger geworden.

Am 24. 9. 2019 brachte das deutsch-französische Arte-Fernsehen die Dokumentation „Katar: Millionen für Europas Islam." Und darin wurde von dem aufgrund „seiner gigantischen Gas- und Ölvorkommen mit einem Bruttoinlandsprodukt von 124.529 US-Dollar pro Kopf" reichsten Staat der Welt berichtet, in dem auch wenige Tage später die Olympiade bei größter Hitze begann. (Die CO_2-Abgabe spielen für dieses Land keine große Rolle – und die Flüchtlingskrise auch nicht.)

Zwei französische Journalisten hatten Unterlagen erhalten, die auf eine, auch von Katar finanzierte, Muslimbrüderschaft hindeuten, die „ein Missionierungs- und Finanzierungsprogramm zur Stärkung des Islam in Europa" durchführte. „Es umfasst 140 Projekte, wie den Bau von Moscheen, oder die Errichtung von Kulturzentren und Schulen." - Alles, damit der im nächsten Kapitel genannte frühere Berliner Finanzsenator Sarrazin mit seinen Büchern schneller Recht hat? Indem zur Ursachenbekämpfung der Flüchtlingsströme von Katar und Saudi-Arabien von dort nichts ausgegeben wird, damit die Flüchtlinge nach Deutschland kommen?

Am 21. 12. 2018 brachte Dietmar Seher auf t-online.de als Haupttitel: „Wie hoch ist die Terrorgefahr in Deutschland?" – Und er berichtete dann: „Zwei Jahre nach dem Weihnachtsmarkt-Anschlag von Berlin mit 12 Todesopfern ist die Gefahrenlage offenbar ähnlich hoch. Das Bundeskriminalamt geht davon aus, dass in diesen 24 Monaten sechs islamistische Anschläge durch Sicherheitsbehörden vereitelt wurden. "Anschläge von Einzeltätern oder Kleingruppen beispielsweise mit Fahrzeugen, Schusswaffen oder Messern sind aber nach wie vor eine ernstzunehmende Bedrohung." Vor allem für "weiche Ziele" wie Menschengruppen. – Dann stellte er die Frage: „Welche vereitelten Terrorpläne waren die gefährlichsten?"„Der in Schwerin 2017 festgenommene Yamen A., ein 2015 eingereister Flüchtling aus Damaskus, wollte nach den Feststellungen des Oberlandesgerichts Hamburg bis zu 200 Menschen durch einen selbstgemixten Sprengsatz töten und hatte dafür die meisten Zutaten zusammen. Er wurde Ende November zu sechseinhalb Jahren Haft verurteilt."

Und weiter hieß es in dem sehr genauen Bericht:„Wie viele sogenannte Gefährder gibt es in Deutschland? Und „Wo gibt es die meisten Gefährder? In den Stadtstaaten Berlin, Hamburg und Bremen und in Nordrhein-Westfalen und Hessen. In NRW waren laut dem Landesinnenministerium 272 Personen als Gefährder eingestuft, 112 von ihnen "aktionsfähig" und auf freiem Fuß." Wohlgemerkt: Das waren Zahlen vom Ende 2018. Die NRW-Zahlen zeigten überdies, wie stark die Gefährder-Zahl seit einigen Jahren angewachsen ist. Ende 2014 waren es erst 72, 2016 dann schon 209. Und am 31. 1. 2019 hieß es (HA): „Iraker wollten bei Anschlag angeblich möglichst viele Ungläubige' treffen." Sie wurden in einem kleinen Ort in Schleswig-Holstein unter Terrorverdacht festgenommen'.

Es geht also um den Erhalt der Gesellschaft bei der sich verändernden Herkunft durch große Zuwanderung. Der schon genannte frühere Leiter des ARD-Magazins „Panorama", der Journalist und Jurist Joachim Wagner, sagte im Abendblatt-Gespräch vom 7. 1. 2010: „Wenn man über eines der zentralen Zukunftsprobleme – und dazu gehört die Migration angesichts von Millionen

Menschen auf der Flucht – nicht offen und ehrlich reden kann, ist das brandgefährlich. Die deutsche Bundesregierung redet das Problem klein, wenn sie darauf verweist, dass in den letzten Jahren fast 200.000 Menschen jährlich zu uns gekommen sind. Das ist die Einwohnerzahl einer mittleren Stadt...." (In 10 Jahren 2 Millionen=2020.)

Der Hamburger Senator (=Minister) Grote sagte Anfang März 2021 im Abendblatt-Interview, das 80 % der Jugendlichen unter 18 in Hamburg Migranten wären. Und die mit ihm befragte Polizistin bedauerte, dass die Migranten oft ihre Kultur beibehalten wollten. Wenn aber 80% der Jugendlichen Migranten sind, dann hatte der deshalb aus der SPD ausgeschlossene frühere Berliner Wirtschaftsminister Sarrazin wohl recht, wenn er eine spätere Mehrheit der Muslime errechnete, mit allen Folgen für das Zusammenleben, die Demokratie und die Kultur.

Die wachsende Angst der Bevölkerung ist also auch nach diesen Berichten begründet. Sie ist auch ein Grund dafür, dass es Migranten teilweise schwer haben, sich zu integrieren und durch Arbeit am deutschen Leben teil zu haben. Zusätzlich schrieb der Bildungsforscher Professor Lindemann in der Zeitschrift „FOCUS" vom 17. 10. 2015: „Der Bildungsstandart der meisten Einwanderer aus Vorderasien und Afrika ist niedrig, ihre Fähigkeiten sind limitiert. Die Folgen werden bitter sein. – Ingenieure auf Realschulniveau." - Damit sich nicht viel ändert, wird an rund 800 deutschen Schulen zu 55.000 Schülern in Deutschland islamischer Religionsunterricht gelehrt. Der Lehrer-Chef ist über den Islam-Unterricht in Deutschland besorgt.

In Afghanistan trägt laut Buchautor Constantin Schreiber (Kinder des Korans) deutsche Finanzhilfe zur Produktion und Verbreitung antisemitischer Inhalte an den Schulen bei. „Wo Intoleranz täglich auf dem Stundenplan steht" – So der Buchautor und der Artikel in „BILD DEUTSCHLAND" vom 3. 5. 2019. Im Religionsbuch steht auch gegen das Leben in westlichen Demokratien: „In letzter Instanz sind religiöse Gebote bindend, nicht weltliche Gesetze."

In seinem Buch und „INSIDE ISLAM" beschrieb der Journalist, Autor und Tagesschau Sprecher Constantin Schreiber sodann „was in Deutschlands Moscheen gepredigt wird." Sein Moschee-Report zeigt auch, welche Richtung dort vorgegeben wird, wie Moschee-Predigten unser Zusammenleben beeinflussen und stößt dabei auf ein problematisches Weltbild. Wie soll aber eine Integration gelingen, wenn allein die Türkei rund 900 Moscheen in Deutschland unterhält? Warum wird dies nur in Deutschland genehmigt? Und warum wird fast jeder, der versucht, die Asylsituation zu verbessern, als Fremdenfeind in die rechte Ecke gestellt wird, wie es lt. „BILD" durch die Ebert-Stiftung geschah. Woran dann der Moderator Claus Kleber und der Politiker Sigmar Gabriel Kritik äußerten. Herr Kleber fragte: „Bin ich schon rechts, weil ich für Recht und Ordnung bin?" (28. u. 29. 4. 2019 in BILD) – So schwierig ist die Situation bei der Integration.

Ich kenne selbst bereits integrierte Personen aus jenen Ländern. Sie sind, wie ich meine, sicher nicht dümmer. Es fehlt dort nur an den guten Schulen – oder überhaupt an Schulen. Um dem abzuhelfen, gründete Ursula Nölle einst den Verein Afghanistan Schulen im Ort Oststein-bek bei Hamburg. Vor 15 Jahren übernahm dann Marga Fladers von ihr den Vereinsvorsitz. Sie reist deshalb zweimal jährlich nach Afghanistan. Der Verein setzt sich dort für Lehrerfortbildung und Schulen ein, baut neue Schulen, hat 2 Frauenzentren eingerichtet – und für ältere Mädchen und Frauen gibt es Förderkurse zur Vorbereitung auf den Schulbesuch. Zu Beginn des Jahres 2019 erhielt sie das Bundesverdienstkreuz 1. Klasse, vom Ministerpräsidenten Günther in Kiel überreicht. Unterstützung findet sie durch Helfer und Spender, das Auswärtige Amt sowie das Bundesministerium für wirtschaftliche Zusammenarbeit.

.Aber am 5. 3. 2019 hieß es in der Glinder Zeitung-Sachsenwald (bei Hamburg): Die Mitglieder der islami-schen Gemeinde Glinde wollen mit Ihren Mitbürgern ins Gespräch kommen. Gehört der Islam zu Deutschland? „Ja" sagten sie. Und der bundesweite Tag der offenen Tür findet am 3. Oktober, dem Tag der deutschen Einheit statt. Alle können dort beten – auch Andersgläubige. Für Muslime entspricht der Freitag dem christlichen Sonntag und 5 Mal am Tage sollte gebetet werden. Doch viele Jüngere kommen nicht mehr. Die Gläubigen werden auch dort, wie bei den Christen, weniger. Beispielsweise kenne ich im evangelischen Norddeutschland einige Türken die gut integriert und wichtige Arbeitskräfte sind. Doch in die Moschee gehen sie nicht mehr – und die Ehefrau ist gleichberechtigt. Mehr darüber im nächsten nächsten Kapitel.
_____

107

Kapitel 7
Die Gleichberechtigung gehört zur Kultur.

Am 21. 12. 2018 fragte die Kolumnistin Lamya Kaddor auf t-online.de: „Wie weit kann man es anno 2018 als Frau mit türkischem oder arabischem Migrationshintergrund oder islamischem Glauben in der deutschen Politik bringen?" Und sie brachte dazu die Beispiele 2er Frauen.

Aber Constantin Schreiber schrieb im Vorwort zu seinem Buch INSIDE ISLAM:„Diese Kontroverse hat eines gezeigt: Wie tief der Graben inzwischen ist, der durch unsere Gesellschaft geht, und wie dünn der Kitt, der diese Gesellschaft miteinander verbindet."

Frau Kaddor schrieb aber nicht, dass in muslimischen Länder es die Frauen überhaupt nicht bis nach oben bringen dürfen – und Christen sowieso nicht. Letztere werden dort oft noch verfolgt und getötet, wie es unter www.opendors.de beschrieben wird. Frauen dürfen in Saudi-Arabien erst seit kurzem mit dem Auto fahren. Und in den meisten muslimischen Ländern hat der Mann das Sagen. Auch in der Moschee sitzen die Männer nur im Hauptraum beim Prediger, dem Imam, auf dem Teppich zur Unterwerfung. Es gibt in islamischen Ländern bislang keine Gleichberechtigung. Die Frauen dürfen im entfernten Raum dahinter sitzen.

Die Tatsache ist aber: Frauen bekommen Kinder und haben noch nie einen Krieg angefangen, um zum Machtausbau andere zu töten. Sie sollten deshalb von den Männern besonders geschützt und verehrt werden. Leider ist es in allen islamischen Ländern und besonders beim Islamismus genau umgekehrt.

Teilweise bringen islamische Männer ihre Frauenunterdrückungsideen, die so auch nicht im Koran stehen, nach Europa mit, wie eine Meldung (Bild) vom 10. 6. 2022 zeigte: Da verurteile „das Landgericht Itzehoe Sanad H. (46)…" - Er hatte seine Frau mit 29 Messerstichen getötet. „Motiv, so Richter Lohmann, sei dessen Befürchtung gewesen, die Mutter der gemeinsamen Kinder könnte ‚einen westlichen Lebensstil annehmen und sich seiner Kontrolle entziehen' – Ehemann erstich Dreifach-Mutter-LEBENSLANG!" war die Überschrift dazu. - Oder (in Bild v. 14. 6. 2022): „Die afghanischen Brüder Yousuf (26) und Mahdi (23) aus Berlin töteten ihre Schwester Maryam H., weil sie westlich lebte." Wohl deshalb sieht man nur wenige der moslemischen Frauen ohne Kopftuch – obwohl das auch nicht im Koran gefordert wird.

Aber am 3./4. 8. 2019 hieß die Überschrift im Hamburger Abendblatt": „Saudi-Arabien erlaubt Frauen das Reisen. - Kronprinz Mohammed bin Salman schränkt die Allmacht der Männer ein und gibt der weiblichen Bevölkerung mehr Rechte." – Frauen über 21 Jahren dürfen künftig ohne Einwilligung des Ehemanns oder ihrer männlichen Verwandten einen Pass beantragen und außer Landes reisen. - Doch sonst blieb alles wie es zuvor war. Frauen dürfen weiter nicht gegen den Willen ihres heimischen Gebieters arbeiten, studieren oder eine Wohnung mieten. – Soweit der Bericht.

In Afghanistan hatten dann 2021 die Taliban die Macht kriegerisch übernommen. Dazu lautete beispielsweise

109

die Meldung: „Eine Frau liegt regungslos auf dem Boden. Ein Mann trägt ein blutüberströmtes Kind weg. So gehen die Taliban gegen friedliche Afghanen vor." Bei den Eltern einer Zahnarzthelferin, die mit ihrem Kind aus Deutschland zu Besuch war, hing ein Zettel an der Tür: „Es ist ein deutsches Kind in diesem Haus: Wir müssen dieses Kind holen und töten." Die Mutter Sonia sagte: „Sie wollten es töten, weil sie keine Muslima war." (Bild am 20. 8. 2021.) –

Oder: „Bei einer Kundgebung von Frauen in Kabul sind Mitglieder der Taliban mit Peitschenhieben brutal gegen die Teilnehmerinnen vorgegangen. Die hatten mit Sprechchören Freiheit gefordert." (9. 9. 2021 t-online.)

T-online berichtete am 19. 9. 1021: „Gewalt gegen Frauen und Journalisten, willkürliche Hinrichtungen: Die Brutalität des Taliban-Regimes tritt immer offener zu Tage. Ahmad Wali Masoud, früherer afghanischer Botschafter in Großbritannien und Bruder des verstorbenen Nationalhelden Ahmad Schah Massoud, sieht die letzte Hoffnung Afghanistans in der Widerstandsbewegung im Pandschir-Tal. Er warnt vor einer Rückkehr al-Qaidas und Terroranschlägen – auch in Europa."

t-online schrieb: „Herr Masoud, die Taliban haben vor kurzem verkündet, die letzte Widerstandsbastion im Pandschir-Tal eingenommen und nun ganz Afghanistan unter Kontrolle zu haben. Ist die nationale Widerstandsfront (NRF) besiegt?"

Ahmad Wali Masoud: „Nein. Die Kämpfer haben sich in die Berge verschanzt und halten die Stellung. Es

110

stimmt, momentan finden keine Kampfhandlungen statt. Aber um ganz Pandschir zu kontrollieren, müssten die Taliban tiefer in das Tal eindringen. Das ist einfacher als gesagt. Das Gelände ist schwer zugänglich, es gibt überall Hinterhalte und Verstecke. Militärisch gesehen ist es ein Alptraum. Keine Armee und keine Großmacht konnte Pandschir bisher lange halten. In den 80ern Jahren hat es die Sowjetunion versucht. Sie rückte neun Mal in neun Jahren an, jedes Mal wurden sie von den Mudschaheddin vertrieben. Auch die Taliban scheiterten Ende der 90er daran. Das gleiche Schicksal droht ihnen auch diesmal."

„Vor dem Einmarsch, im August, gab es Friedensverhandlungen zwischen den Taliban und der NRF. Warum scheiterten die Gespräche?"

„Es fanden zwei Verhandlungsrunden statt. Aber es wurde rasch klar, dass die Taliban keinen Frieden wollen. Sie verlangten, dass die NRF kapituliert und im Gegenzug keine Rache geübt wird. Sie wollten eine Art Statthalter einsetzen und versprachen vage, einige unserer Leute mit Regierungsposten zu versorgen. Wir entgegneten, dass wir kein Interesse an Posten haben, sondern für Prinzipien einstehen: Menschenrechte, Frauenrechte, eine inklusive, multiethnische Regierung. Wir kämpfen nicht nur für die Freiheit Pandschirs, sondern für ganz Afghanistan. Die Gespräche waren schnell beendet."

Sie fragen vielleicht, was dies mit der heutigen Zeit zu tun hat? Ich schrieb bereits im Kapitel über die Flüchtlinge 2015 bis 2023, dass mir im Mai 2022 von

111

den von der Stadt zur Flüchtlingsunterbringung beauftragten Personen gesagt wurde, dass wieder mehr Flüchtlinge aus Afghanistan kämen. Es würde dort immer schlimmer werden.

.Christen wurden und werden also von den Taliban umgebracht, aber lernende Mädchen und Frauen zum Teil auch. Das ist bei den Christen eben anders. Auch deshalb ist die Christenverfolgung in vielen muslimischen Ländern üblich. Am 20. 8. 2019 sprach die ARD-Tagesschau von 100.000 Verfolgten. Die Verfolgung beginnt aber zum Teil schon in Deutschland.

.Ein Beispiel: „Algerier soll Landsmann wegen seines Glaubens schwer verletzt haben." So die Überschrift am 22. 1. 2019 (HA). Der Landsmann war nur zum Christentum konvertiert. Diese Art der Verfolgung gab es davor aber schon öfter. Und oft endete sie mit dem Tod der zum Christentum konvertierten Personen. Und oft halfen deutsche Behörden dabei indirekt noch mit.

.Ein Beispiel zur Mithilfe deutscher Behörden an der Christenverfolgung vom 23. 7. 2019 in „BILD DEUTSCHLAND": „Vom Islam konvertierte Christin in den Iran abgeschoben. Jetzt droht ihr der Galgen" Aus Teheran hieß es dann: „Sie sitzt im Iran fest, darf nicht mit ihren Söhnen in Deutschland telefonieren und hat keine Chance auf einen fairen Prozess." Dazu wird der Menschenrechtsexperte Daniel Karg von Amnesty International zitiert mit: „Der Übertritt vom Islam zu einer anderen Religion gilt im Iran als Abfall vom Glauben – ein Verbrechen, das mit der Todesstrafe geahndet werden kann, wenn der Konvertit sich weigert, wieder zum Islam überzutreten." –

„„Christliche Organisationen sehen den Iran als eines der gefährlichsten Länder der Welt für Christen." Gegen eine derartige Abschiebung hieß es darunter: „CDU-Kauder kämpft für Christen – gegen Seehofer." Von letzterem hieß es: „Keine Duldung per Taufschein." - Die Wirklichkeit also: Parteien mit dem Vorwort „Christlich" schicken auch Christen in den Tod.

Aber die Kritik einer immer größer werdenden Mehrheit von Muslimen möchte die Unterdrückung der Frauen nicht mehr mitmachen. Besonders die Unterdrückung der Frauen endete im Iran mit einem Aufstand dagegen und gegen die Mullahs in Teheran. Aber trotzdem blieb es Ende 2022 weiter bei der dort vorgeschriebenen Verhüllung weiblicher Körper durch einen langen Mantel, mussten müssten Frauen weiter ihre Haare unter einem Kopftuch verbergen.

Und doch: Allein dass die Worte des Regimes überhaupt ebenjenen Interpretationsspielraum zulassen, ist eine gute Nachricht und ein bemerkenswerter Erfolg der zumeist jungen Leute, die seit vielen Wochen in vielen iranischen Städten demonstrieren.

Und sie werden weiterhin ihr Leben in die Waagschale werfen, denn jederzeit können sie verprügelt und getötet werden. Wie Jina Mahsa Amini, die junge kurdische Frau, deren Tod zum Auslöser der größten Unruhen seit Jahrzehnten wurde. Wie rund 470 Demonstranten, die seither starben.

Was muss passieren, dass Frauen auf die Straße gehen, ohne zu wissen, ob sie wieder nach Hause kommen?

Oder von Handlangern der Mullahs aufgegriffen werden? Oder ob sie gar eine Kugel trifft, wahllos in die Menge abgefeuert? Die Zukunft muss ihnen schon vorkommen, wie eine Fortsetzung der Kontrolle, der Entmündigung, unter denen sie in der Gegenwart leiden. Und was ist das für eine erbärmliche Religion, die auf der Diskriminierung von Frauen fußt?

.Zur noch nicht vorhandenen Gleichberechtigung im Islam sollten wir aber zusätzlich nicht vergessen, dass auch in den heute noch christlichen Ländern die Gleichberechtigung erst durch Luther nach der Reformation begann.

.Am 31. 10. 1517 schlug Martin Luther seine 95 Thesen an die Schlosskirche zu Wittenberg an. (Beispielsweise 27. These: „Lug und Trug predigen diejenigen, die sagen, die Seele erhebe sich aus dem Fegefeuer, sobald die Münze klingelnd in den Kasten fällt.") In protestantischen deutschen Bundesländern wurde dieses Datum zum Feiertag erklärt. Er übersetzte die Bibel auf der Wartburg ins von ihm gestaltete und von der Bürgersprache abgehörte neue Deutsch, dass durch den gerade erfundenen Buchdruck im ganzen heutigen Deutschland und Österreich verbreitet wurde. Luther schaffte damit Deutschland überhaupt und eine Hauptgrundlage der deutschen Kultur.

.Goethe und Schiller, Bach, Beethoven und Brahms hätten ohne Luther keine Grundlage. Und die Christen konnten ihre Grundlage, die Bibel, endlich selbst lesen. Die Kinder konnten endlich Deutsch lernen und der Ablasshandel der katholischen Kirche hatte, zumindest bei der neu gegründeten evangelischen Kirche, keine Grundlage mehr.

Darum wollte die katholische Kirche Luther auch umbringen. Er sollte aber stattdessen gefeiert werden, denn er trat zusätzlich mit seiner Ehefrau Katharina für die Gleichberechtigung ein, die bei der katholischen Kirche immer noch nicht völlig gilt.

Erst vor rund 100 Jahren wurde auch in Deutschland das Frauenwahlrecht eingeführt. Die Männer hatten auch früher mehr Rechte als die Frauen. Bis vor rund 60 Jahren konnte der Ehemann den Job seiner Frau kündigen, ihr den Führerschein und große Anschaffungen verbieten – und durfte die Frau erst ein eigenes Konto bei der Bank haben.

Doch nun wieder zurück zu den wichtigen Frauen: Am 8. März ist immer der Weltfrauentag. Dazu sagte am selben Tag in der MOPO-Zeitung die Politikerin Cansu Özdemir, dass es in Deutschland jeden Tag einen Tötungsversuch an einer Frau gibt, der an jedem 3. Tag auch gelingt. Die Zahl der sexuellen Übergriff stieg sogar um 35,9 % im Vergleich zum Vorjahr und die Zahl der Opfer von Partnerschaftsgewalt stieg sogar um 9 %. Dabei sind zwar die Migranten eingeschlossen. Aber die werden von den Frauen oft nicht genannt. Die Frauenhäuser als Zufluchtsort werden aber immerhin rund zur Hälfte von Migrantenfrauen belegt.

Ein Beispiel heutiger Frauenunterdrückung in Arabischen Ländern wurde dazu am 8. 1. 2019 im „Hamburger Abendblatt" von Martin Gehlen aus Bangkok berichtet: Rahaf Mohammed Alqunun floh aus Saudi-Arabien nach Thailand, weil sie Vater und Bruder

115

verheiraten wollten. „Ich will mit den UN reden und ich will Asyl", sagte sie dort. Sie ist aber kein Einzelfall. Als Beispiel wurde auch von Dina Ali Lasloom berichtet, die „zurück nach Saudi-Arabien gezwungen wurde. Seitdem ist sie verschwunden. Andere werden in Erziehungsheimen untergebracht oder erhalten Haftstrafen für ‚Ungehorsam gegenüber dem männlichen Vormund'". Geradezu Unglaubliches ist dort zu lesen. Wie von zwei Schwestern, die sich in New York das Leben nahmen, um nicht in ihre Heimat zurück zu müssen. „Denn in Saudi-Arabien herrscht ein patriarchalisches Schariarecht, was die Frauen bis ins kleinste Detail gängelt und entmündigt… „Eine 13-jährige kann zur Hochzeit mit einem dreimal so alten Mann gezwungen werden."

Und Frauen, die sich für die Abschaffung der männlichen Vorherrschaft einsetzten, sitzen seit Mai 2018 in Haft. „Nach Auskunft ihrer Angehörigen wurden sie gefoltert und sexuell misshandelt." Zum Glück ist es in Europa noch anders, - und gerade die jüngeren Zuwanderer wollen es oft auch anders. Denn eine Umfrage der Adenauer-Stiftung zeigte bei den meisten Zuwanderern eine hohe Bereitschaft, sich an die deutsche Kultur anzupassen. (Quelle: dpa auf t-online.de 16. 12. 18/rtr). – 83 Prozent der Deutschen mit Migrationshintergrund…gaben an, Zuwanderer sollten ihr Verhalten der deutschen Kultur anpassen. Nahezu 100 % befürworteten den Erwerb der deutschen Sprache und ¾ sprechen auch zu Hause überwiegend Deutsch. 96 % der Deutschen mit Migrationshintergrund leben gerne in Deutschland. Auch deshalb sollten Migrantenkinder bei Notwendigkeit schon früh Deutschhilfe erhalten.

116

.Nebenbei: In den nahen evangelischen Kindergarten gehen fast zur Hälfte muslimische Migrantenkinder. Sie beten mit und nehmen auch am Gottesdienst teil.

Und auch das ist wichtig: Drei Viertel der Muslime in Deutschland (74 %) können sich der Umfrage zufolge vorstellen eine christlich geprägte Partei zu wählen. Bei den Muslimen, die sich als schwach religiös einstufen waren es sogar 91 Prozent, bei den durchschnittlich religiösen 78 und bei den stark religiösen Muslimen 57 Prozent." Die Umfrage wurde 2015 unter 1004 Deutschen mit Migrationshintergrund und 1009 in Deutschland lebenden Ausländern durchgeführt. Kanzleramtsminister Altmeier sagte damals dazu, dass Integration möglich sei, mehr als viele gedacht hätten. (16. 12. 2017rtr auf t-online.de)

Dann müssen die Deutschen aber auch für die deutsche und abendländische Kultur, auch für das Christentum, eintreten. Selbst die Kirchen sind hier gefordert. Sie müssen versuchen, den außerhalb der europäischen Kultur Andersgläubigen die Vorteile des Christentums, auch für sie, zu vermitteln: „Liebe deinen Nächsten – wie dich selbst." Und Weihnachten wurde Jesus Christus als der Begründer der Nächstenliebe geboren. Ein Hauptgrund, weshalb die Asylanten in Europa aufgenommen wurden und werden. Dazu sollten die Kirchen nicht kirchliche Schulen und Kirchen schließen, sondern sogar für neue Christen werben. Denn immer mehr treten aus den Kirchen aus – und immer mehr Kirchen werden geschlossen.

Die bei vielen Glaubensarten - dabei auch in der Katholischen Kirche - nicht vorhandene Gleichberechtigung von Mann und Frau ist nach dem deutschen Grundgesetz vorgeschrieben. Darin heißt es im Artikel 3:

(1) Alle Menschen sind vor dem Gesetz gleich.

(2) Männer und Frauen sind gleichberechtigt. Der Staat fördert die tatsächliche Durchsetzung der Gleichberechtigung von Frauen und Männern und wirkt auf die Beseitigung bestehender Nachteile hin.

(3) Niemand darf wegen seines Geschlechtes, seiner Abstammung, seiner Rasse, seiner Sprache, seiner Heimat und Herkunft, seines Glaubens, seiner religiösen oder politischen Anschauungen benachteiligt oder bevorzugt werden. Niemand darf wegen seiner Behinderung benachteiligt werden.

Als ich diese Gleichberechtigung einer Juristin sagte, meinte die allerdings, dass Absatz 3 die Freiheit des Glaubens brächte – und im Koran oder der Bibel als Grundlage des Glaubens ja nichts von einer Ungleichheit stände.

Der nächste Jurist würde sage, dass deshalb gerade Absatz 2 gelten würde – und auch im Absatz 3 stände ja, dass niemand wegen seines Glaubens benachteiligt werden dürfe. Doch auch im Vatikan wurde am 29. 8. 2022 beschlossen: Die Frauen sollten gleichberechtigt werden. - Doch Priesterinnen gibt es dort weiterhin nicht.

Kapitel 8:
Soll die abendländische Kultur bleiben?

Wollen die Kirchen und die Bevölkerung die abendländische Kultur noch erhalten? Dazu gehören, wie schon gesagt, auch Bach, Beethoven und Brahms – Klassik-Musik, um nur B zu nennen. Dazu gehört auch auf Saudi-Arabien hinzuwirken, in Mekka den Islam zu reformieren, anstatt in den USA Waffen zu kaufen. „Liebe Deinen Nächsten wie dich selbst", ist ein christlicher Ausdruck, der aber in Deutschland bis 1945 in der Diktatur auch nicht vorhanden war.

Die Wirklichkeit der Flüchtlingsbetreuung und Einbürgerung beschrieb Susi Petzold. - „Die Frau, die in ihrer Freizeit 25 Flüchtlinge betreut." So hieß die Überschrift am 18. 12. 2018 im „Hamburger Abendblatt" über ihr Wirken, dass sie in ihrem Buch „Protokoll" beschrieb. „Manchmal vergesse ich, dass ich ein Flüchtling bin", hieß sodann ihre Widergabe über die Einbürgerung der Flüchtlinge. Diese Erfahrungen beginnen mit dem Treffen in einer Autowerkstatt: Der 21-jährige Belal macht dort eine Lehre als Kfz-Mechatroniker. Er war vor 3 Jahren mit seinem Bruder aus Afghanistan geflüchtet. Es wird dann über die Probleme gesprochen. Pünktlichkeit ist eines davon. Doch „Junge wie Belal lernen das aber schnell", sagte dazu der Ausbilder, „die sagen, wenn das hier so ist, dann mache ich das auch so." Anders ist es da oft bei den Älteren. So hatte der Ausbilder das Problem, dass ein Älterer keine Arbeit in der Küche machen wollte, weil das in der alten Heimat auch nicht üblich war. Küchenarbeit machten dort nur die Frauen.

Dabei fällt mir immer wieder das schon früher genannte Gespräch mit einem gut integrierten Afghanen ein, der sagte, da müsse er erst seine Frau fragen. In Afghanistan hätte er das nicht gebraucht, aber in Deutschland sei das ja anders. Und am 25. 6. 2022 sprach ich wieder mit demjenigen, der in der Stadt für die Flüchtlingseingliederung zuständig ist. Er wollte gerade mit einem Afghanen und dessen Ehefrau wegfahren Beide sahen wie Einheimische aus. Und solche Menschen, bei denen die Frauen gleichberechtigt sind, müssen von dort jetzt fliehen. Er meinte, dass die fliehenden Afghanen ganz tüchtige Menschen wären.

Die junge afghanische Raziye wurde, nachdem ihr Frau Petzold eine Mathematiklehrerin vermittelt hatte, wie folgt zitiert: „In den ersten Wochen der Fastenzeit bestanden meine Eltern darauf, wegen des Ramadan dort nicht hinzugehen." (*denn beim Fasten wird auch nicht gearbeitet und abends dann kräftig gegessen.*) Und weiter sagte sie: „Es war das erste und letzte Mal, dass ich hier in Deutschland wegen des Ramadan etwas verpasst oder anders gemacht habe. Es ist okay für mich, dass der Ramadan hier nicht akzeptiert wird. Ich halte mich strikt daran und besuche trotzdem die Schule."

Die ehrenamtlich tätige Frau Petzold sagte sodann: „Sehr viele werden hier bleiben und die Gesellschaft von morgen mitprägen." Und dann berichtet sie etwas, fast alias Sarrazin, über die Zukunft: Wenn nicht engagierte Deutsche Zugang zu den Flüchtlingen bekommen, bekommen es andere. Sie schrieb über Geflüchtete, „die nichts auf die Reihe kriegen. Also machen sie halt in der Moschee oder bei irgendwelchen Leuten, die sie beruhigen. Dass sie aber bloß ausgenutzt werden, um etwas Schlechtes zu machen, merken sie nicht."

Und sodann stand dort der Klartext zum Thema Scharia: „Ich glaube, die deutsche Regierung müsste mit dem Thema Religionsfreiheit strenger sein." Und der zu Beginn genannte Belal sagte zur Frage, was ihm nicht gefiele: „In der Schule haben einige überhaupt keinen Respekt vor den Lehrern. Und es gibt hier Leute, die haben keine Lust zu arbeiten und bekommen dann auch noch Geld vom Staat. Das geht überhaupt nicht!" Man sieht, sehr viele Flüchtlinge wollen positiv arbeitend und lebend am noch schönen deutschen Staat teilhaben. Sie sollten auch Vorbild sein und Hilfe erhalten.

Ich darf dazu erwähnen, dass im Handwerksbereich schwer Lehrlinge zu finden sind. Auch viele Altdeutsche wollen das Abitur machen, das heute ja viel leichter als vor vielleicht 30 Jahren ist, und studieren, um dann vielleicht arbeitsloser Jurist zu werden. Obwohl mancher Handwerker, beispielsweise im Heizungsbereich, gerade heute oft mehr wissen muss, als jemand der ein Fach studiert hat.

Gerade sprach ich mit einem Gerüstbauer, der erzählte, dass die Bestimmungen immer umfangreicher würden, aber dass die Bauarbeiter noch selten Deutsch können. Wenn sie dann fragten, woher er käme, hob er die Unterarme hoch: Rechts hatte er Hamburg und links Germany eintätowieren lassen.

121

Fast alle Flüchtlinge kommen aus Ländern, die sich mit anderen bekriegen. Fast ähnlich, wie es vor rund 80 Jahren in Europa war. Auch durch die aus den USA kommende Weltwirtschaftskrise konnte ein Adolf Hitler hochkommen, bei dem es wirtschaftlich zuerst sehr bergauf ging. Jeder sollte einmal einen Volkswagen haben, dazu wurden auch Autobahnen gebaut und alle hatten Arbeit. „Am deutschen Wesen soll die Welt genesen", war dann das Motto und die Grundlage der Kriege gegen alle.

Ähnlich ist es zum Teil aber auch beim heutigen Islam, der oft Gegeneinander und später vielleicht gegen alle kämpft. Sunniten kämpfen indirekt gegen Schiiten. Der IS gegen die Taliban. Und alle sollen gehorchen und dumm bleiben, bei den Taliban noch nicht einmal lesen und schreiben lernen. Alle kämpfen gegeneinander für ihre Islam-Glaubensart und ihre Macht und zusätzlich noch gegen die Israelis und Christen. Die USA helfen oder halfen dabei durch Waffenlieferungen mit, nahmen aber keine Flüchtlinge auf. Und diese Unterschiede bringen die Kriegsflüchtlinge dann möglicherweise nach Europa mit – und vermehren sich entsprechend der „Sarrazin-Rechnung" so sehr, dass die Moslems irgendwann die Mehrheit bekommen, die – wie zuvor schon gesagt – der Hamburger Senator Grote Anfang 2021 (HA) indirekt bereits durch seinen Ausspruch, 80 % der unter 18-jährigen in Hamburg seien Migranten, bestätigte. Sie werden zur Mehrheit, nicht weil es Ihnen in der Moschee gepredigt wird, sondern weil sich bei Hartz IV, vor allem mit Zusatzarbeit, wie Rauschgifthandel, viele Kinder lohnen.

Dabei fällt mir ein, dass meine Frau ein Haus an eine altdeutsche Hartz IV-Familie mit 3 Kindern vermietete. Der Riesen-Fernseher lief dort den ganzen Tag. Der Mann kaufte fast umsonst alte und kaputte Autos, reparierte sie und verkaufte sie wieder. Alles nebenbei.

Andererseits ist angeblich die Anzahl der Extremisten im Vergleich zur Gesamtbevölkerung verschwindend gering. In Hamburg waren es Mitte 2019 (HA 9. 7. 2019) bei rund 1,85 Millionen Einwohnern: 1.631 Islamisten, 1.335 Linksextremisten und 340 Rechtsextremisten, zusammen also nur 3.306. Die Islamisten sind also dabei schon die Mehrheit und auch die größte Gefahr.

Im September 2016 wurde die frühere IS-Sklavin Murad zur UN-Botschafterin ernannt. - 2014 war sie in die damalige IS-Hochburg Mossul als Sexsklavin verschleppt worden, vergewaltigt und weiterverkauft, genau wie rund 3200 andere jesidische Frauen – im Alter bis 40. Ältere wurden, da Jesiden ja als Abweichler vom Glauben bezeichnet wurden, zur Erbauung der IS-Kämpfer hingerichtet. (Aus Deutschland wurden sogar zum Christentum konvertierte in ihre früheren Heimatländer, wie Iran; zwecks Haft oder Hinrichtung ausgeliefert.)

Wenn alle muslimischen Pilgerstätten, ob in Jerusalem oder in Mekka, früher jüdisch oder christlich waren, wenn der Islam im früher christlichen Europa und Nordafrika lt. Sarrazin-Berechnung, zur Mehrheit wird, dann ist die Kultur verschwunden – und die Umwelt wohl auch bald. Die Winzer und Bierbrauer müssen im

Islam-Staat sicher aufhören, während Drogen weiterhin verkauft werden, weil damit ja viel Geld verdient wird, wie es nachfolgend noch beschrieben wird und schon beschrieben wurde, während dabei gleichzeitig die abendländische Kultur untergeht.

Am 25. 11. 2019 brachte das ARD-Fernsehen die Dokumentation: „Beuteland-Deutschland – Die Millionengeschäfte krimineller Clans. Der Einfluss arabischer Clans in Deutschland wächst." Dort wurde über Clans aus dem Libanon und neuerdings auch aus Syrien berichtet, die sich sogar, wie gezeigt, noch gegenseitig prügeln und häufig in Berlin oder Bremen angesiedelt sind, Millionen durch kriminelle Tätigkeiten verdienen und zusätzlich oft auch noch Sozialhilfe beziehen. Anschließend wurde dann in „Hart aber fair" über die „Clans im Visier des Staates" gesprochen. Dies geschah aber erst seit kurzem. Das kriminell erworbene Geld wurde in den Libanon überwiesen oder gebracht – und wurde dann als damit sauberes Geld zurück überwiesen. Am selben Tag endete der Leitartikel des „Hamburger Abendblattes mit dem Satz: „Die Asylpraxis ist ein Irrsinn, gut gemeint, aber schlecht gemacht."

Am 25. 11. 2019 berichtete die ARD-Tagesschau dann vom Raubüberfall auf das Grüne Gewölbe in Dresden. Am dann folgenden Tag hieß die Zeitungsüberschrift (HA): „Spektakulärer Juwelen-Raub. Diebe stehlen wertvollen Schmuck aus dem Grünen Gewölbe in Dresdens weltberühmter Schatzkammer". Große Mengen Diamanten und Brillianten wurden entwendet. Und am folgenden Tag hieß die Überschrift in der gleichen Zeitung: „Juwelendiebe aus dem Clan-Milieu? – Überfall auf das Dresdener Grüne Gewölbe hat Ähnlichkeiten mit Einbrüchen ins Bode-Museum (2017) und ins Kadewe (2014). Im Bode Museum wurde auch eine 100 kg schwere Goldmünze erbeutet.

Am 18. 11. 2020 hieß die Zeitungsüberschrift: „Festnahme nach Jahrhundertraub – Großrazzia in Berlin: Juwelendiebe, die das Grüne Gewölbe überfielen, sollen aus berüchtigten Clans stammen (HA)." 3 Männer einer Clan-Großfamilie wurden festgenommen. „Ihre ersten Mitglieder kamen in den 1980er-Jahren nach Deutschland." Jetzt sind bereits 500 Clanmitglieder hier. Einer der in Berlin Festgenommenen war auch an dem Diebstahl der 100 kg schweren Goldmünze „Maple Leaf" aus dem Berliner Bodemuseum beteiligt.

Genau nur 3 Monate später, am 19. 2. 2021 kam dann die Presseüberschrift „Schlag gegen den Hauptstadt-Clan. 500 Polizisten stürmten Wohnungen in Berlin. Hintergrund ist eine Fehde zwischen verfeindeten Banden." - Hier darf ich einflechten, dass in den Clan-Herkunftsländern kein hiesiges Sozialsystem vorhanden ist. Die Clans müssen deshalb für ihre Mitglieder sorgen.

Fast ähnlich ist es bei der italienischen Mafia. Da geht es aber vor allem um das viele Geld. Denn in Italien gibt es ja, wie früher geschildert, mehr Rente als in Deutschland. Die Zeitung „Bild" beschrieb dazu am 4. 3. 2021 wie durch die Fehde zweier `Ndrangheta Clans 2007 in Duisburg 6 Menschen vor einer Pizzeria erschossen wurden. Aber das wollte die Mafia sich nicht wiederholen lassen. Sie ernannte deshalb einen „Capo Crimine", der Clan Fehden zukünftig verhindern

125

sollte. Der dortige Staatsanwalt Gratteri sagte dazu: „in Deutschland wolle man nur Geschäfte machen, Hotels und Pizzerien kaufen, um das mit Drogenhandel verdiente Geld zu waschen. Gelder aus Drogendeals ließen sich in Deutschland viel zu einfach waschen. Ich verlasse Italien mit zwei Taschen voller Geld. In Frankfurt kaufe ich dann in einem Autohaus einen Audi A8 für 70.000 € und zahle bar. Niemand wird mich fragen, woher ich das Geld habe." Und dann sagte er einen wichtigen Satz: „Wenn Deutschland kein Gesetz dagegen erlässt, dass man mit so viel Bargeld bezahlen kann, dann braucht man über den Kampf gegen die Mafia nicht zu diskutieren."

Ganz anders ist es jetzt in Italien: „Italien macht der Mafia den Prozess." hieß dazu die Presseüberschrift am 14. 1. 2021 (HA). „Unter den Angeklagten befinden sich nicht nur Mafioso, sondern auch Politiker, Geschäftsleute, Anwälte, Justizangestellte und Polizisten. Sie sollen mit den Clans gemeinsame Sache gemacht haben. Allein in Kalabrien sollten 40.000 Unternehmen Schutzgeld bezahlen."

Dabei denke ich an meine Berlinfahrt vor rund 30 Jahren. Vor der Pizzeria hielt ein großer Mercedes. Und warum? Ich erfuhr dort vom Wirt, dass Schutzgeld verlangt wurde.

Der Drogenhandel wird gerade in Deutschland immer mehr. Die italienischen und arabischen Clans, und viele mehr, verdienen damit viel Geld. Es geht auch dadurch mit der Kultur bergab. Am 6./7. 3. 2018 hieß dazu die Zeitungsüberschrift (HA): „Der Schmuggel von Kokain boomt. Kartelle verschiffen die Drogen in deutsche Häfen. Behörden und Ermittler sind alarmiert." Dazu wurde ein Foto „2018 in Hamburg" mit über 400 Paketen gezeigt. „Spezialkräfte der Polizei sichern über eine Tonne Kokain in einem Lastwagen. Der Marktwert: Rund 160 Millionen Euro. Oft sind die Drogen gut versteckt, in Kanistern, hinter doppelten Böden. Doch die beschlagnahmte Menge Kokain wächst von Jahr zu Jahr – die Hintermänner bleiben oft geheim."

Zuvor berichtete ich bereits über den riesigen Rauschgifthandel. Und hier geht es weiter: So war zu lesen: 16 Tonnen waren gefunden worden. 2017 stellte der deutsche Zoll bundesweit über 8 Tonnen sicher. 2018, 2019 und 2020 je über 10 Tonnen. Wenn auch die Zahlen nicht ganz zusammenpassen, aber rund 30 Tonnen Rauschgift mal 160 Millionen € wären dann 4.800 Millionen € oder 4,8 Milliarden €. Da ja in Wirklichkeit noch nicht einmal die Hälfte vom Zoll und der Polizei gefunden werden, wären dies dann 9.600 Millionen oder fast 10 Milliarden Euro. Das größte Geschäft ist also Rauschgift.

Der deutsche Drogenbeauftragte wird zitiert mit: „Kokain hat in Europa längst den Weg in die Mitte der Gesellschaft gefunden." Mittlerweile seien 40 bis 60.000 drogenabhängig. Aber auch dies können bald mal eben 100.000 sein. Das wären 10 Städte mit je 10.000 Einwohnern. Drogen + Alkohol: Die Kultur geht bergab.

Angebaut wird das Kokain dazu jetzt auch in Peru, Bolivien und Kolumbien in Südamerika. Das bringt dann mehr Geld als beispielsweise die vielen Heidelbeeren von dort.

Am 7. 3. 2021 brachte T-Online zu diesem Thema den Bericht von Daniel Mützel: „Oberstaatsanwalt schlägt Alarm. Ist der Rechtsstaat in Berlin wirklich am Ende?" Er schrieb, dass ein Berliner Oberstaatsanwalt in einem Buch dramatische Zustände bei Polizei und Justiz beklagte und vor dem „Ende des Rechtsstaats" warnte. Als Profiteure nennt er „Clans und Reiche." Seine Ausführungen wurden natürlich vom Senat kritisiert. „Im Kampf gegen die Clan-Kriminalität funktioniere der Rechtsstaat schon in Teilen nicht mehr. Für ein Viertel der Straftaten in diesem Bereich – Drogenhandel, Schutzgelderpressung, Prostitution, Mord und Totschlag – seien rund 15 – 20 Familienclans verantwortlich."

Am 13. 8. 2022 hieß es dann (in der Zeitung „Bild"): „Die Berliner Grünen wollen nicht nur Cannabis legalisieren, sondern auch harte Party-Drogen, wie Kokain und Ecstasy entkriminalisieren." Beim Deutschen Richterbund nannte man die kläglichen Zustände in Berlin ein „offenes Geheimnis." Und auch die Gewerkschaft der Polizei gab dem Autoren grundsätzlich recht. - Die Hauptstadt des Untergangs – wie bei Hitler? -

———————————

Kapitel 9:
Alle Probleme sind gemeinsam lösbar.

Bei den Islamisten wird der Koran in ihrer Moschee als Grundlage ihres Glaubens z. T. extremistisch ausgelegt. - Ähnlich legten die katholischen Priester ja früher auch die Bibel so aus, wie sie es für richtig hielten. Bis Luther die Bibel übersetzte, damit jeder selbst die Wahrheit nachlesen konnte, weshalb er von der katholischen Kirche ja, wie schon gesagt, auch umgebracht werden sollte. Denn die Bibel brachte auch keinen Unterschied zwischen Männern und Frauen. Erst am 29. 8. 2022 berieten in Rom (lt. Tagesschau) die Kardinäle die Forderung des Papstes Franziskus, dass auch in der Kirche, wie in den europäischen Verfassungen, Männer und Frauen gleichberechtigt sind.

Aber der Papst Franziskus sagte (am 7. 3. 2021 im irakischen Mossul) „Wenn Gott der Gott des Lebens ist, dann ist es uns nicht erlaubt, die Brüder und Schwestern in seinem Namen zu töten." Und zur Friedenspflicht der Religionen sagte er in Abu Dhabi: „Keine Gewalt im Namen der Religionen im Namen Gottes".

Ich wiederhole dies, weil es für die Geschichte wichtig ist. Meistens spielt der Erhalt der Umwelt dabei keine Rolle. Allein deshalb müsste es auch bei nicht christlichen Asyl suchenden heißen: Integrieren oder zumindest sich an die Verfassung halten. – und keine größere Vermehrung, dank Hartz-IV, als bei den Deutschen.

Dr. Thomas Mirow (SPD) von der Deutschen National-stiftung sagte dazu (HA 1./2. 6. 2019): „Unbegrenzte Zuwanderung funktioniert nicht."

Damit die Zuwanderung zumindest einigermaßen funktioniert, gilt ein großer Dank deshalb besonders denjenigen, die sich, wie Frau Petzold, um die Integration kümmern. Freunde von mir machten das auch: Von 5 Personen aus Syrien integrierten sich dabei drei: Einer arbeitete als Kraftfahrer, einer bei der Sparkasse und einer als Anwalt in der Verwaltung. Von einem der drei arbeitete die Ehefrau sodann für Biochemie im Labor. Voll integriert.

Zur Scharia sagte Friedrich Merz von der CDU: „Kein Scharia-Recht auf deutschem Boden". Nach www.wikipedia.org beschreibt die Scharia „die Gesamtheit aller religiösen und rechtlichen Normen, Mechanismen zur Normfindung und Interpretationsvorschriften des Islam (aus ‚Das Islamisches Recht' von M. Rohe, 2011). Die Scharia wird aber nur an einer einzigen Stelle im Koran in Sure 45, Vers 18 erwähnt: Wo sie ursprünglich den Pfad in der Wüste zur Wasserquelle bezeichnete. Daraus wird im Islam der göttliche Ursprung abgeleitet. In vielen muslimischen Ländern entspricht die Scharia der Gesetzesgrundlage. Selbst in einigen westlichen Ländern wird sie teilweise anerkannt. (Siehe hierzu z. B. Wikipedia). Aber wie hieß es zuvor über Geflüchtete, „die nichts auf die Reihe kriegen. - Also machen sie halt in der Moschee oder bei irgendwelchen Leuten, die sie beruhigen. Dass sie aber bloß ausgenutzt werden, um etwas Schlechtes zu machen, merken sie nicht."

Ein zusätzliches Problem dabei ist zurzeit auch noch, dass die Moscheen größtenteils aus muslimischen Ländern finanziert werden. Darüber berichtete bereits der zuvor genannte Bericht über „Katar: Millionen für Europas Islam". Und dazu schrieb beispielsweise „Bild" am 29. 12. 2018: „Wie Terror-Geld Moscheen in Deutschland finanziert. Wie viel finsteres Geld aus dem Ausland finanziert die deutschen Moscheevereine?" Und dann wurden Geldquellen für die geschätzt 2600 Moscheen aus dem Iran, der Türkei, Saudi-Arabien und Kuwait genannt. Am selben Tag hieß beispielsweise die Überschrift im „Hamburger Abendblatt": „Wer finanziert die Moscheen in Deutschland? – Die Auslandszuwendungen sind der Bundesregierung ein Dorn im Auge – auch aus Sicherheitsgründen. Außenminister Maas wollte deshalb die arabischen Staaten in die Pflicht nehmen." Allerdings gestattet Deutschland ja als einziges Land, dass die Türkei 900 Moscheen mit Personal bauen und unterhalten darf. Ja Anfang 2019 kam sogar die Idee auf, dass in den Schulen türkisch, statt Englisch gelehrt werden sollte.

Der evangelische Pressedienst (epd) schrieb (HA 27. 12. 2018): „Die liberale Muslimin Sayran Ates und Politiker der großen Koalition fordern die Einführung einer Moschee-Steuer für Muslime, vor allem sicher, um den Türkei-Unterhalt abzustellen. Mit einer solchen Abgabe sollten die Muslime die Finanzierung ihrer Gemeinden verstärkt selbst organisieren." – „Für Unions-Fraktionsvize Thorsten Frei (CDU) wäre das ein ‚wichtiger Schritt', um den Islam von ausländischen Einflüssen zu emanzipieren. – Ob das was wird? – Ich besuch-

131

te vor Jahren die größte Moschee in Berlin. Dazu hatte Saudi-Arabien mal eben 4 Millionen gegeben. Allerdings wird in Saudi-Arabien das Geld knapper. „In Riad braut sich was zusammen", stand dazu im Handelsblatt.

Die „Unterwerfung" hat wohl teilweise bereits in Deutschland begonnen. Mit dem Ende der hiesigen Zivilisation als Ziel. Von der Umwelt ist dabei, wie schon gesagt, überhaupt keine Rede. Und am 7. 3. 2019 stand sogar im „Hamburger Abendblatt (Muks)": „Der CDU/CSU-Fraktionsvorsitzende Ralph Brinkhaus kann sich einen Muslim als Bundeskanzler vorstellen." Auf der Vorseite stand, dass der AfD-Fraktionschef Höcke sich keinen muslimischen Bundeskanzler vorstellen könne. Er gilt aber als ganz rechts.

Wenn die Christen daneben weniger werden, könnte wohl, wenn das Sarrazin-Buch Recht behält, eines Tages Weihnachten ohne Weihnachtsgrüße stattfinden - oder überhaupt nicht mehr. Und die Umwelt ist dann sowieso eingegangen. Gerade die Partei die „Grünen" wird ja wegen der Umweltangst von immer mehr Wählern gewählt. Aber die Deutsche Vereinigung für eine Christliche Kultur (DVCK) e. V. schrieb dazu am 4. 1. 2019, dass sich in Deutschland der Kinderschutz und Familienwerte in einem freien Fall befänden. Als Ursache wurde dabei auch das Erstarken der Grünen bei den letzten Wahlen genannt (z. B. Gender, Ehe und Familie, Schulpolitik). Aber das kann sich bei den Grünen ja noch ändern.

Wenn in Europa keine Kampf-Verhältnisse wie im nahen Islam-Osten eintreten sollen, dann müssen die westlichen Werte, auch des Christentums, wie schon gesagt, erhalten bleiben, dann muß für sie eingetreten werden, einschließlich des Erhalts der Umwelt, denn die USA – als durch Waffenlieferungen ein Mitschuldiger an Kriegen - sind auch die größten Umweltverschmutzer. Aber durch den Präsidenten Biden soll ja vieles besser werden. Am 11. 6. 2021 kam er dazu einvernehmlich mit den G7 – Mitgliedern in England zusammen.

Zusätzlich sind aber auch die Kirchen gefordert tätig zu werden, Moslems, aber auch Europäer, zu Christen zu machen. Wo bleibt sonst der Missionsbefehl? - und auch für den Umwelterhalt zu kämpfen.

„Rechtsradikalismus und Ausländerkriminalität sind Gift für die Integration – beide gehören bekämpft", schrieb Matthias Iken in seiner Kolumne am 5./6. 1. 2019 im „Hamburger Abendblatt." Und dann brachte er Beispiele, wie Rechte die Ausländerkriminalität und Linke die rechtsradikale Gewalt instrumentalisieren. Alle Probleme sind gemeinsam lösbar. Man muss es nur wollen. Zusammen denken, wie die Probleme gelöst werden können, anstatt beispielsweise Anschläge auf politisch Tätige oder Unternehmen zu tätigen. Diese Beachtung der Wirklichkeit muss auch von den Menschen und den Wählern in Europa von der Politik gefordert werden. Beispielsweise könnte die SPD stolz darauf sein, ihren früheren Berliner Senator Sarrazin als Mitglied gehabt zu haben. Er zählt immerhin zu der ersten in der „Liste der 500" der intellektuellen Elite des

Magazins „Cicero". Oder den früheren Neukölln-Bürgermeister Buschkowsky.

Sarrazin wurde als gut rechnender früherer Berliner Finanzsenator aus der SPD ausgeschlossen, weil er auch bei der Vermehrung der Muslime rechnen konnte. Er sah (Bild 11. 5. 2021) in der neuen Rauswurf-Idee des Tübinger OB Boris Palmer bei den Grünen eine „Gefahr für die Parteien-Demokratie." Im Zeitungskommentar stand dazu (von Filipp Piatov): „Palmer soll raus, weil die Linksausleger die Partei auf Linie bringen wollen. Auf ihre linke Linie. Das ist gefährlich. Für die Grünen und die Demokratie." Aber auch die Grünen-Kanzlerkandidatin Baerbock fand „Palmers Äußerungen ‚rassistisch'".

Sarrazin erkannte eine Tendenz, die ihm Sorge machte: „Wer nicht im Mainstream denkt, wird verjagt, auch wenn er auf dem Boden der Verfassung argumentiert. Das wirft kein gutes Licht auf unsere innerparteiliche Demokratie, auf die gerade die Grünen stets so stolz waren."

Wenn am 13. 2. 2019 (HA/dpa) nach Untersuchung der Bertelsmann-Stiftung aus Berlin gemeldet wurde, dass der deutsche Arbeitsmarkt angesichts der alternden Bevölkerung jährlich 260.000 Zuwanderer benötigt, davon rund 114.000 aus dem EU-Ausland und 146.000 aus Drittstaaten (wie auch Asylanten), dann werden die Ausländer mehr und Sarrazin hätte recht. Allerdings nannte Matthias Iken die Bertelsmann-Studie: „Studien aus dem Phantasialand", weil eben vieles anders läuft. Er schrieb u. a., „dass Einwanderung in den Arbeits-

134

markt für ein Land klüger ist als eine Migration in die Sozialsysteme – und eine gesteuerte Zuwanderung besser als offene Grenzen."

Dazu hieß am 23. 9. 2019 die Zeitungsüberschrift (HA): „Drei von vier Syrern leben von Hartz IV. Trotz höherer Bildungsabschlüsse tun sich viele bei der Jobsuche noch schwer." – „Vor der Arbeitssuche stehen bei Migranten Sprachkurse." Soweit „Phantasialand", denn leider bekommen die Deutschen, anders als die Ausländer aus den Drittstaaten, auch deshalb immer weniger Kinder, weil Ehepaare meistens beide arbeiten müssen, um ihre 1.000 bis 1.500 € an Miete aufbringen zu können. Denn die Grundsteuer wird meistens parallel zu den zu versorgenden Asylanten mehr – und die Wohnungen knapper und dadurch teurer.

Weil die Altbürger weniger werden, geschieht dies dann für die Neubürger, denn auch für die Asylanten muss Wohnraum geschaffen werden. Das Kapital dazu bezahlen, wie gesagt, oft die Altbürger mit der Grundsteuer, die dann vielleicht ihr Haus verkaufen müssen – und selbst kaum noch Wohnraum haben.

Aber das ist noch nicht alles: Helfen Sie, wie Frau Petzold, den Asylanten, aber verlangen Sie auch Frieden in den Kriegs-Regionen, deren Kriege zu den Asylanten führten – und verlangen Sie auch, dass sie nicht kommen, um Hartz-IV mit großer Familie zu kassieren. Verlangen Sie von den Abgeordneten, die Probleme zu lösen. (www.bundestag.de/abgeordnete). Dazu gehörten auch die Corona- Impf-Probleme. Aber der Umwelterhalt ist noch wichtiger. Die Abgeordneten müssen immer tätiger werden, für die Zukunft in

135

Demokratie, aber besonders auch für die Umwelt auf der Erde kämpfen. Wälder pflanzen und Plastik aus dem Meer holen, statt Geld für mehr Konsum oder Asylanten zu verteilen.

Wenn dann am 12./13. Mai 2021 die Zeitungsüberschrift lautete (HA): „Raketenhagel auf Israel – gibt es Krieg?" Gefeuert von der Hamas – und wenn dagegen von Israel auf die Palästinenser in Gaza gefeuert wird, dann wird am selben Tag von brennenden Flaggen und Angriffen auf Synagogen in Berlin und Gelsenkirchen berichtet. ((dpa/rtr/cck-t-online) Asylanten und Deutsche sollen hierbei gemeinsam gehandelt haben. Doch dies geht gerade wegen der deutschen Vergangenheit nicht, an der allerdings die mitmachenden Deutschen keinen Anteil hatten. Sie waren noch gar nicht geboren.

Ende Oktober 2020 erhielt ich von WeAct, der Petitionsplattform von Campact einen Text zur Petition zum Unterzeichnen: „Wir rufen die Bundestags-Abgeordneten der CDU/CSU und SPD auf, sich jetzt für ECHTE 1,5 Grad-Politik stark zu machen und noch vor der Bundestagswahl 2021 gesetzliche Maßnahmen zu ergreifen. Nur so lässt sich das Pariser Klimaabkommen einhalten und Deutschland bis 2035 klimaneutral machen…Deshalb wurde gefordert, dass bestehende und geplante Gesetze und Staatsausgaben zur CO_2 Restmenge passen sollen, - dass Steuer-Privilegien für fossile Brennstoffe abgeschafft werden sollen – und dass der CO_2-Preis mittelfristig auf das Niveau der CO_2-Folgekosten von 180 Euro angehoben werden soll. Andere Steuern sollen zum Ausgleich angepasst werden, um die Gesamtbesteuerung nicht steigen zu lassen. Besser etwas klüger leben als gar nicht mehr. Letzteres kann auch zum Teil den Kindern oder Kindeskindern so gehen. - Doch nun zurück zu den Flüchtlingsproblemen.

Ein Beispiel der schlimmen Flüchtlingsgründe brachte T-Online am 14. 3. 2019: Achter Jahrestag des Syrien-Konflikts" - Alles, an was ich mich erinnere, ist der Krieg" (avr, t-online.de). 2011 begann der Krieg in Syrien. Hunderttausende Menschen starben, Millionen sind auf der Flucht. Vor allem die Kinder leiden in dem Konflikt. Das sind ihre Geschichten: Als der kleine Yahya und seine Familie aus Syrien flüchteten, war es dunkel. So dunkel, dass sie kaum die Straße und sich sahen. Bei jedem Schritt mussten sie aufpassen, nicht auf Gegenstände zu treten, die andere Flüchtlinge weggeworfen hatten. "Ich musste meine Schulbücher, Stifte und Farben zurücklassen, weil meine Mutter es mir gesagt hatte", sagt Yahya. "Sie sagte, es würde nicht lange dauern, bis wir zurückkehren. Aber jetzt sind es schon sechs Jahre." Yahya ist ein syrisches Flüchtlingskind. Heute ist er 13 und lebt in Zaatari, einem Flüchtlingslager in Jordanien. Seine Geschichte veröffentlichte das Kinderhilfswerk Unicef. "Alles hat sich geändert: „Meine Schule, meine Heimat, meine Freunde", sagt Yahya."

Und noch eine Meldung aus Berlin „zum Erhalt unserer Gesellschaft" über Syrien: „Der fast neunjährige Religionskrieg in Syrien hat die christlichen Gemeinschaften nach dem Religionsexperten Oehring zerstört. Mehr als 700.000 der vorher 1,2 Millionen Christen im Lande sollen ins Ausland (also auch z. T. nach Deutschland) geflohen sein, sagte der Koordinator für den internationalen Religionsdialog der Konrad Adenauer Stiftung (HA/dpa/24.-26. 12. 2019).

Und zuletzt noch dieses Beispiel: 44.000 Kinder in einem Flüchtlingslager: Zaatari wurde 2012 errichtet. Heute zählt es knapp 79.000 Einwohner, darunter mehr als 44.000 Kinder, schrieb die Unicef. Das Kinderhilfswerk unterstützt den Aufbau des Camps, unter anderem förderte es den Aufbau sogenannter Makani-Zentren. Hier finden Kinder und Jugendliche unter anderem Bildungs- und Freizeitmöglichkeiten, darunter Computerräume und Sportgeräte. 13 Makani-Zentren gibt es laut Unicef in Zaatari, mehr als 7.000 Kinder werden so versorgt. Doch solche Zustände wie in Zaatari sind nicht der Standard für viele Flüchtlinge. Ein Bericht der Unicef zeigt: Viele syrische Kinder leben noch in lebensgefährlichen Verhältnissen – in und außerhalb Syriens.

Doch nun zurück aus dem Morgenland zum Abendland: Zum Weihnachtsfest war ich am Heiligen Abend in der Kirche mit Krippenspiel. Doch die Kirche war so voll, dass die Familie alles nur in einem anderen Raum über die Leinwand erleben konnte. Ich selbst bekam mit meinem Enkelkind auf dem Schoß noch den letzten Platz in der übervollen Kirche.

Der schon öfter zitierte stellvertretende Chefredakteur Iken schrieb dazu in seinem Leitartikel (HA), dass zum Heiligabend die Kirchen voll und sonst fast leer sind. Zusätzlich sind (2019) nur noch 55 % in einer der Kirchen. Er schrieb u. a.:..."Der Glaube trocknet aus. Traditionen gehen verloren, religiöses Wissen wird ver-

138

schüttet, viele tief gründende Wurzeln werden gekappt. Man muss kein Christ sein, um diese Entwicklungen zu beklagen.

Es war der Friedenspreisträger und Muslim Navid Kermani, der davor warnte, dass hierzulande Traditionsketten reißen." Und weiter schrieb er: ‚Denn euch ist heute der Heiland geboren, welcher ist Christus, der Herr, in der Stadt Davids.' Heißt es im Lukas-Evangelium.: Er wird nicht im Palast geboren, sondern in einer Futterkrippe…Hier wird nicht weniger als eine neue Ordnung begründet, hier liegt die Geburtsstunde einer humanitären Religion." Und dann nennt er auch Gründe des Glaubensrückgangs: „ …da macht sich der Erzbischof in der Flüchtlingshilfe weltweit stark – und schließt in Hamburg 6 Schulen. Zu sehr ist in der Kirche die Rede vom Geld, zu wenig vom Glauben, zu sehr dominiert die Politik, zu wenig die Spiritualität, zu wichtig ist der Zeitgeist, zu wenig der Geist. Wie sähe dieses Land aus ohne…christliche Krankenhäuser, Schulen, Hospize, ohne Jugendgruppen, Seniorenarbeit und Flüchtlingshilfe?"

Erlauben Sie, dass ich zuletzt noch ein angeblich weiteres Problem anspreche: In den USA wurde 2020 der Schwarze George Floyd durch einen US-Polizisten beim Einsatz getötet, was weltweite Proteste auslöste. So wurde beispielsweise die Bewegung „Black Lives Matter" gegründet. Am 17. 7. 2020 brachte „BILD DEUTSCHLAND" auch dazu den Bericht über den (schwarzen) Schlagerstar Roberto Blanco. („Ein bisschen Spaß muss sein, dann ist die Welt voll Sonnenschein"). Er wurde dazu mit seiner (weißen) Frau Luzandra in ihrem Garten am Bodensee groß abgebildet. Zur Black Lives Matter- Bewegung sagte er: „Das ist keine deutsche Diskussion. Ich bestreite, dass die deutsche Polizei ein Rassismus-Problem hat. Ich hatte damit nie zu tun, im Gegenteil.....Die deutschen Polizisten sind die besten der Welt. Und ich war wirklich überall." – „Andere Prominente mit dunkler Hautfarbe sehen das übrigens ähnlich." Auch der Begriff Neger ließ ihn kalt. Er sagte dazu: „Wissen Sie, ich bin halt farbig. Das Wort ‚negrid' stammt aus dem Lateinischen und bedeutet schwarz. Ich bin schwarz." – Ich kann mir keine bessere Hautfarbe vorstellen. Ich finde das herrlich."

Die Autorin Susi Petzold schrieb: „**Es geht um so viel, um alles, den Erhalt unserer Gesellschaft, unserer Gemeinschaft, der Demokratie – um Deutschland, um Europa.**" Es geht um den Erhalt der heutigen Gesellschaft von 2021 ff.

Doch am 8. Mai 2020 gedachte der deutsche Bundespräsident Steinmeier bei der zentralen Gedenkfeier in Berlin am 75. Jahrestag des Endes des 2. Weltkrieges: „Es gibt kein Ende des Erinnerns. Es gibt keine Erlösung von unserer Geschichte. – Man kann unser Land nur mit gebrochenem Herzen lieben. Die deutsche Geschichte ist eine gebrochene Geschichte – mit der Verantwortung für millionenfachen Mord und millionenfaches Leid. Das bricht uns das Herz." (Die WELT 9. 5. 2020.)

Zum Verständnis der Jugend forderte der Hamburger CDU-Bundestagsabgeordnete Marcus Weinberg (HA

140

18. 10. 2020), weil es immer weniger Zeitzeugen des Nationalsozialismus gibt, dass Jugendliche verstärkt die Orte der Nazi-Gräueltaten besuchen sollten, und einmal in ihrem Leben eine KZ-Gedenkstätte.

Aber am 3. Oktober 2020 wurde der Tag der deutschen Wiedervereinigung gefeiert. 30 Jahre zuvor rissen die Deutschen in der damaligen DDR, der DEUTSCHEN DEMOKRATISCHEN REPUBLIK, die Grenze nieder, weil das Land dort eben nicht demokratisch war. 30 Jahre lag nun die Wiedervereinigung von Ost und West zurück. So vieles war geglückt. Deutschland war zum einflussreichsten Land Europas gereift und den meisten Menschen ging es so gut wie nie zuvor. Sogar die Weltkrisen – ob Finanzen, Schulden oder eine Pandemie – bewältigten sie bislang besser als die meisten Staaten der Welt.

Trotzdem machte sich kein neuer Nationalchauvinismus breit, denn die meisten Repräsentanten der Regierungen in den deutschen Bundesländern und der Bundesregierung, der Parteien und der Parlamente sind sich ihrer Verantwortung bewusst. Trotzdem geht die abendländische Kultur langsam unter. Und trotzdem geht die Demokratie langsam unter, wenn Probleme nicht gemeinsam demokratisch gelöst werden. Ob angeblich rechte oder linke Ideen. Dagegen müssen alle sein und arbeiten.

Denn alle Probleme sind gemeinsam lösbar, getreu der deutschen Hymne „Einigkeit und Recht und Freiheit – für das deutsche Vaterland! Danach lasst uns alle streben, brüderlich mit Herz und Hand! Einigkeit und

Recht und Freiheit – sind des Glückes Unterpfand! Blüh' im Glanze dieses Glückes, blühe deutsches Vaterland! - Letzteres wiederholt sich. -

Aber nicht in Wirklichkeit: Das Glück und Deutschland werden teilweise schon kritisiert – oder sogar als rechts eingestuft. „Derzeit streiten die Grünen über das böse D-Wort...Rund 300 Parteimitglieder wollen den Namen aus dem Parteiprogramm streichen... Zur Begründung heißt es: Im Mittelpunkt unserer Politik steht der Mensch in seiner Freiheit und Würde, und nicht Deutschland."' - (Das schrieb am 8./9. 5. 2020 M. Iken im „Hamburger Abendblatt.)

Die deutsche Wiedervereinigung war ein Weg in „Einigkeit und Recht und Freiheit." Aber die rücksichtslosen Demonstrationen durch Querdenker oder Judenhasser, aber auch die Verunglimpfung von Rechts oder Links, oder deren Aggressivität, sind das Gegenteil.

Hinzu kommen die Nahostkonflickte, die durch Flüchtlinge und Pro-palästinensische Proteste bis nach Deutschland getragen werden. All' dies muss sich ändern, damit es nicht wie im 3. Reich endet, worüber Wolfgang Borchert schrieb: „Wir sind eine Generation ohne Heimkehr, denn wir haben nichts, zu dem wir heimkehren könnten."

Gemeinsam und friedlich müssen und können alle Probleme gelöst werden, denn: Alle Probleme sind gemeinsam lösbar.

Kapitel 10:
Viele sind gegen den Gesellschaftserhalt.

Für die Einigkeit, das Recht und die Freiheit sollen also alle brüderlich streben, denn sie sind des Glückes Unterpfand, die Grundlage einer für alle lebenswerten Gesellschaft.

Doch nach den Islamisten-Anschlägen, dem Rechts-Mord am Kasseler Regierungspräsidenten Lübcke, den Links-G20 Krawallen in Hamburg, der Bedrohung vieler gewählter Bürgermeister, den Judenhass- und Querdenkerdemonstrationen ist die Einigkeit und das Recht beschädigt.

Zu letzterem wurde (HA) am 9. 7. 2019 über die Verurteilung eines Teilnehmers berichtet: „Er wollte Menschen verletzen." Und der Amtsrichter sagte: „Damit es keine weiteren Gewaltorgien gibt, müssen klare Ansagen gemacht werden."

Was geht gegen den Erhalt der Gesellschaft, die heute noch demokratisch und etwas christlich geprägt ist? Also weder sozialistisch noch nationalsozialistisch noch muslimisch – und vor allem demokratisch. Bleibt es aber dabei?

Der frühere Berliner Finanzsenator Sarrazin – und vielleicht der Einzige, der dort rechnen konnte, da ja heute Berlin wieder eines der ärmsten deutschen Bundesländer ist, – Thilo Sarrazin hatte sein Buch „**Feindliche Übernahme**" herausgebracht. Und dazu war davor zu lesen: „Zum dritten Mal macht sich der SPD-Vorstand auf den Weg, um Thilo Sarrazin loszuwerden....Es ist ein Buch, dass mit dem Islam hart ins Gericht geht. Nach Thilo Sarrazin wird der Islam in zwei bis drei Generationen in Deutschland die Mehrheit der Bevölkerung stellen. Für Sarrazin stellt der Islam deshalb eine „reale Existenzbedrohung der westlichen Welt dar." Es wurde in der Zeitung „Bild" sogar die Frage gestellt: „Darf nur SPD-Mitglied sein, wer Fan des Islam ist?"

Zu Sarrazin schrieb am 19. 12. 2018 eine Frau in ihrem Leserbrief im Hamburger Abendblatt unter anderem: „Die SPD sollte lieber den Islam im Lichte unseres Grundgesetzes betrachten und sich überlegen, wie weit der Religionsparagraph des Grundgesetzes zur Würde der Frau und der Toleranz gegenüber Atheisten sowie anderen Religionen eingeschränkt werden müsste."

Und ein promovierter Leser schrieb unter anderem, ebenfalls im "Hamburger Abendblatt": „...Herr Sarrazin nimmt sein grundgesetzlich verbrieftes Recht auf freie Meinungsäußerung wahr. Seine Ansichten zum orthodoxen Islam sind überwiegend sachlich formuliert und zeugen von einer profunden und ernsthaften Auseinandersetzung mit der Problematik. Seine Sicht der Dinge wird übrigens von einer wachsenden Zahl von seriösen Autoren bestätigt, übrigens auch von etlichen liberalen Muslimen..."

Der stellvertretende Chefredakteur des Hamburger Abendblattes, Herr Iken, schrieb sodann im Leitartikel am 18. 12. 2018 zur „Sarrazin-Austreibung" unter anderem: „Die SPD hat Probleme genug – jetzt schafft sie sich ohne Grund noch ein neues." Und dann verwies er zuerst auch auf den früheren Sarrazin-Bestseller „Deutschland schafft sich ab", „den viele damals zerrissen hatten, ohne ihn überhaupt gelesen zu haben." Doch am 31. 7. 2020 berichtete die Tagesschau im Fernsehen, dass Herr Sarrazin endgültig aus der SPD ausgeschlossen wurde.

Am 11. 5. 2021 wurde Herr Sarrazin in der Zeitung „Bild" zitiert mit: „Eine Tendenz, die mir Sorgen macht. Wer nicht im Mainstream denkt, wird verjagt, auch wenn er auf dem Boden der Verfassung argumentiert.. Das wirft kein gutes Licht auf unsere innerparteiliche Demokratie…"

Nun konnte Sarrazin nicht nur als Berliner Finanzsenator rechnen, weshalb man ihn vielleicht deshalb auch dort loswerden wollte. Nein, er rechnete auch bei der Vermehrung der ISLAM-Migranten. Etwas, was bei einigen Parteispitzen wohl unbekannt ist. In Frankreich führte dies zum Schauspiel der „Unterwerfung" – und in Deutschland ist man wohl teilweise schon dabei. Und die Bevölkerung hat deshalb zum Teil Angst davor und wählt die AfD. - Wenn ich zu jemandem den Merkel-Ausspruch „Wir schaffen das!" sage, erhalte ich schon meistens die Antwort: „Wir schaffen das nicht." Dabei sind dann fast immer die Umwelt und die Zuwanderer gemeint. Wer letztere betreute, weiß mehr darüber.

Wie zum Beweis der von Sarrazin errechneten Islam-Ausbreitung, wurde am Freitag, dem 24. Juli 2020 die

Hagia Sophia in Istanbul als Moschee eingeweiht. Sie war im 6. Jahrhundert als Hauptkirche des Byzantinischen Reiches als eine der wichtigsten Kirchen des Christentums errichtet worden. Nach der Eroberung Konstantinopels (=Istanbul) durch die Osmanen 1453 wurde der Bau zuerst als Moschee genutzt und war dann nach der türkischen Republikgründung 1934 ab 1935 - bis zum zuvor genannten Freitag – Museum.

Am 27. 10. 2020 stand in der Zeitung (HA), auch wie zum Sarrazin-Beweis, dass in einem Hamburger Stadtteil 95 % der Bevölkerung - und bei den unter 18-Jährigen - 98 % Migranten sind. Und in ganz Hamburg hatten 36,1% ausländische Wurzeln. Also haben sie wohl spätestens in 3 Generationen die Mehrheit. Die Frauen haben dann wohl, wie in islamischen Ländern, nichts mehr zu melden. Und die europäische Kultur verabschiedet sich. Der Kölner Dom wird dann vielleicht, wie die Hagia-Sophia, Moschee.

Wenn der Kosovo-Krieg dadurch kam, dass in den Moscheen gepredigt wurde, zur Mehrheitsgewinnung viele Kinder zu bekommen, dann könnte es in Europa - und besonders in Deutschland – ähnlich sein. Und tatsächlich beschreibt das Buch „Inside Islam" entsprechende Predigten in den Moscheen..

In muslimischen Ländern ist die westliche Kultur und Demokratie noch oft unbekannt. Ähnlich war es aber, zumindest in Osteuropa, im nationalsozialistischen Hitlerreich - und bis zur deutschen Wiedervereinigung in Ostdeutschland und dem Ostblock ebenfalls.

In Ostdeutschland regierte die SED, die Sozialistische Einheitspartei Deutschlands, die sich nach der Wiedervereinigung gesamtdeutsch die Linkspartei nannte. Im gesamten Ostblock, einschließlich der DDR, gab es eine eingeschränkte Demokratie, eine Fast-Diktatur. Vor allem gab es aber keine „kapitalistische" Marktwirtschaft, sondern den Sozialismus, den viele für sozialer hielten, denn der Kapitalismus stärkte ja das Kapital, die Reichen wurden immer reicher.

Was ist für die Zukunft zum Erhalt der Welt nun richtig? Ein Freund sandte mir dazu von dem Herausgeber Jakob Augstein die Zeitschrift „Der Freitag". Darin hieß es dann u. a. im Artikel von M. Jäger: „Unbefriedigend ist die Politik der Grünen deshalb, weil sie der offensichtlichen Ursache der Klimakatastrophe ausweicht. Das von ihnen probagierte Warten auf eine Revolution der technischen Effizienz in den kapitalistischen Betrieben ist nicht nur unzureichend, sondern nützt isoliert überhaupt nichts. Denn dieselben Betriebe sind immer auch bestrebt, immer mehr Waren zu verkaufen...Nur eine Lösung gibt es, die Menge muss sinken. Und das gilt nicht nur für Autos. Eine Begrenzung der Waren ist aber mit der Logik des Kapitals unvereinbar, denn eine Politik gegen die Logik des Kapitals wäre konfliktreich und würde wohl viele Wähler und Wählerinnen auf kurze Sicht überfordern...." Und weiter hieß es: „Besser etwas schlechter leben als gar nicht."

Und weiter stand darin: „Irgendwann wird die ganze Industrie auf Sonnen- und Windkraft umgestellt sein, aber darauf können wir nicht warten: Die Warenmenge

147

muss jetzt sinken. Und dafür muss die Gesellschaft sich aktivieren, statt dass bloß einzelne passiv verzichten." Damit die Warenmenge sinkt, gibt es aber seit 2022 die kleine Inflation.

Es werden sodann jährliche Wahlen gefordert, in der sich die Gesellschaft darauf festlegt, den ihr noch zustehenden ökologischen Fußabdruck pro Person nicht zu überschreiten. Parallel muss aufgezeigt werden, worin ein gutes Leben jenseits des Konsumismus besteht.

Der Verfasser meinte sodann, dass am radikalsten ist, wer sich „ans heiße Eisen des Kapitalismus herantraut. Das ist heute gleichbedeutend damit, die ökologische Katastrophe stoppen zu wollen." Er ist aber wohl links.

Hier muss ich einflechten, dass „wollen" noch nicht bedeutet, dass etwas funktioniert. Der alternative Kommunismus oder Sozialismus war der wohl größte Umweltverschmutzer seiner Zeit. Wenn man die heutige übliche Verschmutzungswelt, die beim Kapitalismus wohl auch bleiben wird, wie die USA oder China, hinzurechnet, dann ist das heiße Eisen, sind die Fehler des Kapitalismus auch schwer zu stoppen.

Während der Kommunismus bislang nur als Diktatur möglich war, ist die Marktwirtschaft eine Grundlage der Demokratie. Und wenn die Mehrheit der Wähler fordert, die Welt zu erhalten, auch besser etwas schlechter zu leben als gar nicht, dann müssen dies zumindest nicht korrupte Regierungen auch umsetzen. „Die Warenmenge muss jetzt sinken. Und dafür muss die Gesellschaft sich aktivieren, statt dass bloß einzelne passiv verzichten." Hieß es weiter. – Das ist sicher wichtig und richtig.

In der gleichen Zeitschrift meinte Kathrin Hartmann (27. 6. 2019) : „Die CO_2-Steuer erlöst uns nicht." Und meinte, dass unser System das Mehr an Kohlendioxyd hervorruft. Aber: „.Das der Ausstoß von CO_2 reduziert werden muss, steht außer Frage." Hier setze ich hinzu: Wenn die Regierenden dies auch gegenüber allen Unternehmungen durchsetzen, ist die Marktwirtschaft kaum zu überbieten, weil bei ihr auch CO_2 Einsparendes erfunden werden kann.

Muss die Warenmenge nun sinken oder muss nur die umweltverbrauchende Warenmenge sinken? Letzteres ist sicher richtig und wichtig: Im Kommunismus oder Sozialismus sank die Warenmenge immer beträchtlich. Ich erinnere mich noch an die alte DDR: In Dresden war das Kaufhaus fast leer. Eine Verwandte aus dem Osten (Rentnerin) blieb dagegen einen ganzen Tag im West-Kaufhaus, um sich die für sie unglaublich vielen Waren anzusehen. Sie besorgte sich dann zum Mitnehmen 50 cm Kupferleitung mit 16 mm Durchmesser, weil es die im Sozialismus gerade mal nicht gab.

Allerdings: Verkauft wird marktwirtschaftlich nur das, was der Käufer gerne hätte. Wofür er dann auch Geld ausgibt. Immer dann, wenn jemand etwas möchte, findet sich meistens auf dem Markt auch ein Lieferant. Noch öfter wird das Angebot immer schöner und besser. Und der Kunde freut sich über die immer schnelleren Autos, schöneren Urlaubsreisen, schöneren Häuser, über immer mehr.

Das ist im Sozialismus aber ähnlich: In der DDR bekamen die Partei-Oberen auch ein Wochenendhaus an der Ostsee, mehr zum Essen und Trinken. Es ging Ihnen richtig gut. Das meinte auch ein oberer SPD-Bekannter, der aus der DDR eingeladen wurde. Und der eingangs genannte Freund hatte auch höher angesiedelte Bekannte in Dresden.

Aber ob Marktwirtschaft oder Sozialismus. Immer ist auch ein Hauptproblem, ob sich Regierende die Taschen zusätzlich auffüllen wollen. Von www.abgeordnetenwatch.de erhielt ich dazu am 10. 8. 2014 die Mitteilung: „25 Millionen. So viel haben die Abgeordneten im Bundestag mit ihren Nebentätigkeiten erwirtschaftet, wahrscheinlich sogar noch deutlich mehr. Zusammen mit dem SPIEGEL haben wir die Nebeneinkünfte aller Volksvertreter:innen ausgerechnet." Und weiter hieß es: „Wenn Abgeordnete Geld von Unternehmen und Lobbyverbänden kassieren, dann ist das gefährlich für unsere Demokratie. Mit unserer aktuellen Recherche zu den Nebentätigkeiten der Bundestagsabgeordneten zeigen wir, dass zahlreiche Volksvertreter/innen finanzielle Verflechtungen mit der Wirtschaft haben. Sie sitzen in Aufsichtsräten, Vorständen oder arbeiten als Berater – und werden dafür oft üppig bezahlt. Das Interesse der Unternehmen und Interessenverbände ist naheliegend: Ihnen geht es um exklusiven Zugang zu politischen Entscheidungsträgern."

Am 24. 10. 2020 brachte dann „T-Online" als wichtige Meldung Auszüge aus einem neuen Buch über die

Korruption der Politiker in Deutschland. Da der Inhalt auch für einen Erhalt der Kultur und Demokratie wichtig ist, will ich dies dem Leser nicht vorenthalten: „Lange wollte die Politik selbst bestimmen, was Bestechung ist – und was nicht. Noch immer hält sie wichtige Prüfungen vor der Öffentlichkeit geheim. Möglicherweise hat sie Anlass dazu."

Sie nehmen Bargeldspenden in unbegrenzter Höhe entgegen. Sie legen ihre Finanzen, ihr Vermögen und ihre Schulden nicht offen. Geheimdienstmitarbeiter dürfen ihnen über Tarnidentitäten Geld zukommen lassen. Sie setzen sich dafür ein, dass sie bestochen werden dürfen."

Die Rede ist nicht von Politikern in einem südamerikanischen Land oder den Familienmitgliedern eines Kleptokraten in Afrika. Sondern von den Abgeordneten des Deutschen Bundestags.

Politik ist käuflich, seitdem es Politik gibt. Ohne Geld ist es auch in westlichen Demokratien schwierig, an die Macht zu kommen. Andersherum braucht auch die Wirtschaft politischen Einfluss. Dennoch zählt Deutschland weltweit wie auch in Europa bei der Korruptionsbekämpfung immer wieder zu den Schlusslichtern. Besonders die Abgeordneten des Deutschen Bundestags tun wohl alles dafür, dass ihre Geheimnisse nicht publik werden.

Frederik Richter ist Journalist und Managing Editor des Recherchezentrums Correctiv. Er recherchiert seit über zehn Jahren zu Korruption, Betrug und Geldwäsche. Sein Buch "Geheimsache Korruption – Wie die deut-

151

sche Schmiergeldindustrie weltweit die Demokratie verrät" ist im September 2020 im „Correctiv-Verlag" erschienen.

„Die Organisation Lobby-Control schätzt, dass der Öffentlichkeit die Spender von 75 Prozent aller Zuwendungen an die politischen Parteien unbekannt sind. Denn Spenden unter 10.000 Euro müssen nicht bekannt gemacht werden. Eine effektive, unabhängige Überprüfung dieser ohnehin schon lockeren Regeln für Parteispenden findet in Deutschland nicht statt. Die Bundestagsverwaltung prüft die Rechenschaftsberichte der Parteien.

Wie genau die Prüfung vonstatten geht, ist unbekannt. Noch problematischer ist die Finanzierung der Bundestagsabgeordneten selbst. Sie müssen nur Spenden ab 5.000 Euro überhaupt melden. Die Regeln für die Parlamentarier bestimmt der Ältestenrat – also die Abgeordneten selbst. (Ich darf hinzufügen, dass sie außerdem rund 10.000 € im Monat Gehalt bekommen.)

Auch bei der internationalen Korruptionsgesetzgebung zählt Deutschland immer wieder zu den Schlusslichtern. Erst wenn die Blamage zu offensichtlich wird, bewegt sich die Berliner Politik. Zum Beispiel die Konvention der Vereinten Nationen gegen Korruption. Sie trat 2005 in Kraft – in Deutschland jedoch erst fast zehn Jahre später. Denn die UN-Konvention verlangt, dass Abgeordnetenbestechung verboten ist. Und für ein solches Verbot fand sich im politischen Berlin lange Zeit keine Mehrheit." Soviel also zum Beitrag der Regierenden von Deutschland am Unternehmertum.

Anders im Sozialismus. Dort sind die Regierenden gleichzeitig die Unternehmer. Sie haben also nicht nur Zugang zu allen Unternehmen, sondern sind selbst die Entscheidungsträger ohne Überwachung und ohne eigene Ideen und Erfindungen, die immer der Vorteil der Marktwirtschaft waren. Denn schlechte Angebote wollten und will am Markt niemand haben. Die Firma ginge dann wieder ein. Auch deshalb war der Sozialismus bislang immer schlimmer und schlechter als die Marktwirtschaft in Demokratie.

Es geht also um das Überleben auf der Erde und dabei auch um die Reduzierung des Konsumismus. der noch in der Marktwirtschaft groß ist. – Der aber noch größer werden kann, wenn noch mehr Geld von Regierenden verteilt wird, um damit mehr Konsum zu ermöglichen. Oder möglicherweise auch, wenn der Kommunismus eingeführt wird.

Will dies in Deutschland die SPD zusammen mit der Linkspartei? Denn am 10. 8. 2020 hieß die Meldung (HA J. Gaugele): „SPD will führende Kraft werden – Parteichef Walter-Borjans schließt Koalition mit der Linkspartei nicht aus." Es geht dabei um „soziale Mehrheiten links der Union", sagte die Linken Vorsitzende Kipping.

„Wir wollen Mehrheiten jenseits der Union bilden – für eine gerechte Republik und um in Europa ein deutliches Zeichen gegen den weltweiten Rechtsdruck zu setzen", sagte der Linken Fraktionschef Bartsch der Redaktion des „Hamburger Abendblattes" (HA 10. 8. 2020). - Und am selben Tag wählte die SPD, 8 Monate nach dessen Niederlage bei der Wahl zum SPD-Vorsitz, den Finanzminister und früheren Hamburger Bürgermeister Olaf Scholz, der seinerzeit durch die G20-Ausschreitungen von links bekannt wurde, zum zukünftigen Bundeskanzlerkandidaten. Am 11. 8. 2020 hieß die Zeitungsüberschrift mit dem Bundeskanzlerkandidaten Olaf Scholz (HA) neben der deutschen Flagge: „Ich will gewinnen"." Am nächsten Tag brachte die Zeitung dazu viele Leserbriefe.

Ein Leser, sonst immer SPD-Wähler, schrieb zu den G20 Ausschreitungen: …"Wie die verantwortlichen Politiker…, dann mit den verängstigten Bürgern auf der einen Seite und den linken Chaoten auf der anderen Seite umgegangen sind, schreit zum Himmel…." -

Und das ist ein Problem: Was geht gegen den Erhalt der Gesellschaft? Damals schlugen linke Chaoten Läden und Autos ein – und 2020 wurde von rechten Chaoten ähnliches aus Stuttgart und Frankfurt gemeldet. Der Verfassungsschutz berichtete: „Wie sich in der Corona-Krise Verschwörungstheoretiker und Judenhasser ergänzen." (HA 11. 10. 2020). Nebenbei: Der eventuelle etwas linke Bundeskanzler Scholz „wusste seit 2019 von Manipulationen" „beim Skandalkonzern Wirecard" (17. 7. 2020 BILD). Das Ergebnis war dann schon bei der Kommunalwahl in NRW vom 13. 9. 2020 zu sehen: Die SPD kam nur auf 23,3 % und die Linke auf 3,5 % der Stimmen. Zusammen also unter 27 % und die CDU auf 35,7 %. Besonders die Grünen vermehrten sich mit 6% auf 18,1 %. Die Zeitung „BILD" überschrieb den Wahlbericht mit: „…Klatsche für die SPD." Der Wähler will die DDR nicht wieder?

154

Am 26. 1. 2022 brachte t-online das Gespräch mit Professor Stein, der als jugendlicher Jude aus Deutschland in die USA geflohen war und dessen Familie im Nazi-Deutschland umgebracht wurde.

Auf die Frage: „Nun leben wir in einer Zeit, in der rechte Populisten wieder verstärkt Zulauf erhalten. Was können wir diesen Leuten entgegenhalten?" Antwortete er: „Den Studenten in meinen Seminaren habe ich immer einen Ratschlag gegeben: Denkt selbst! Lasst das nicht andere für euch tun! Würden alle Menschen diese Devise beherzigen, wäre die Welt ein besserer Ort. Ein weiteres Problem ist die permanente Pauschalisierung, zu der leider viele Leute neigen."

Immer wieder hört man von "den Deutschen" oder "den Amerikanern". Wir leben doch in freiheitlichen Demokratien, in denen jeder Mensch seine Meinung äußern darf und soll. Wir dürfen nicht immer wieder Gruppen von Menschen dämonisieren. Ich selbst spreche nicht von "den Deutschen", und ich maße mir auch kein Urteil über die Leute an, die im Mittleren Westen der USA für Donald Trump gestimmt haben, auch wenn ich diese Entscheidung nicht nachvollziehen kann."

„Aber bitte noch einmal: Wie können wir in Deutschland wieder konstruktiv miteinander streiten, ohne die Populisten zu stark werden zu lassen?"

„Sehen Sie es mir nach, nun spricht der Germanist aus mir: Gotthold Ephraim Lessing hat uns in seinem Theaterstück "Nathan der Weise" doch schon im 18.

Jahrhundert den richtigen Weg gezeigt. Zwei Dinge entscheiden darüber, ob eine Gesellschaft friedlich ist: Toleranz und Bildung." „Professor Stern, vielen Dank für das Gespräch."

Es geht also um den Erhalt unserer Gesellschaft – und der Lebensmöglichkeit auf der Erde. Es geht auch um ehrliches Verhalten der Regierenden und aller gegen- und miteinander. Es geht nicht um linke, rechte oder andere Utopien. Es geht darum, alles Umweltverbrauchende abzuschaffen oder drastisch zu vermindern. Dies muss auf der ganzen Erde geschehen – und zwar schnellstens. Egal ob durch Steuern (wie auf CO_2) oder neue Erfindungen, wie das Wasserstoffauto z. B. , oder Rindfleischabschaffung, oder Waldanpflanzung und Waldrettung, hohe Urlaubsbesteuerung nach Entfernung, oder, oder, oder.

Kapitel 11
Es geht um sehr viel - gegen den Unsinn.

Am 12. August ist der internationale Tag der Jugend (1999 von den Vereinten Nationen festgelegt). Dazu legte das Sinus-Institut eine Studie zur Situation und die Belange von Kindern und Jugendlichen vor:

- Viele Teenager fühlen sich von der Politik weder gehört noch ernst genommen.

- Die Jugendlichen haben die Lösung der Klimakrise als zentrale Frage der Generationengerechtigkeit für sich identifiziert.

- Viele beklagen eine „Jeder für sich" Mentalität und fehlenden Zusammenhalt in der Gesellschaft. Sie haben Angst vor zunehmender Polarisierung, Hass und Aggression. (56 %, also eine Mehrheit). Und es geht um mehr.

Doch der Unsinn (=Handlung und Meinung ohne Sinn und Logik) wird immer mehr. Beispiele dazu gibt es viele:

So berichtete Herr Hautkapp aus Washington am 1. 2. 2021 im „Hamburger Abendblatt" von der republikanischen Kongressabgeordneten Marjorie Taylor: So gingen die verheerenden Waldbrände in Kalifornien für sie auf einen im Weltall installierten Laserstrahl jüdischer Banken zurück, und als die Demokraten 2018 die Mehrheit im US-Repräsentantenhaus errangen, sprach sie von einer „Islamischen Invasion" - und einem Holocaust-Überlebenden warf sie vor, mit den Nazis kooperiert zu haben. Nicht umsonst endete die

157

US-Wahl Ende 2020 mit einem Sturm auf das Kapitol. Immer mehr Personen kämpfen dabei für den Unsinn.

Am 13. 1. 2021 hieß dann die Berichterstattung aus den USA (HA/D. Hautkapp, T. + K. Unger): „QAnon-Anhänger waren am Sturm auf das Kapitol beteiligt. Auch in Deutschland findet die krude Ideologie immer mehr Anhänger." Es wird von dem selbst ernannten Q-Schamanen Chansley berichtet. Dessen „Q" Anhänger an eine weltweite Verschwörung von Eliten glauben, den sogenannten „tiefen Staat", der Kinder kidnappt und quält, um aus ihrem Blut einen Stoff zu gewinnen, der ewige Jugend garantieren soll. Und für die Q-Anhänger soll Trump dann eine Erlöserfigur sein. - Doch alles über Q wird über das Internet verbreitet. Dort trifft man sich anonym auf Internet-Plattformen wie „Perler", „Gab" oder „Skun"

In Deutschland stieg die Zahl der Anhänger seit der Pandemie bis Ende 2020 auf rund 160.000 an. Und bei der Großdemo gegen die Anti-Corona-Maßnahmen im August 2020 waren auch QAnon-Anhänger dabei.

In den USA wurden die Corona-Infizierten bis Anfang 2021 immer mehr, weil die Krankheit der Einfachheit halber herunter gespielt wurde. Aber auch in Europa und in Deutschland war es nicht viel anders.

So erlebten die Niederlande Mitte Januar 2021 schwerste Krawalle von Corona-Leugnern, Hooligans, Neonazis und vielen Jugendlichen mit Migrationshintergrund (HA 27. 1. 2021).

Und in Deutschland musste die Polizei in Orten Plakataktionen von Corona-Leugnern unterbinden. Und am 25. 1. 2021 hieß die Meldung (HA): „Beschmierte Impfzentren, Hetze im Netz, Cyberattacken auf Hersteller (von Impfstoffen) – die Sicherheitsbehörden in Deutschland sind alarmiert." Überall wurde gegen die Schutzmaßnahmen vor Corona demonstriert.

Während die Regierenden in Deutschland versuchten, durch strenge Auflagen möglichst viele vor der neuen Corona-Krankheit zu schützen, rotteten sich die sich auch so nennenden Querdenker zusammen, um dagegen zu demonstrieren. So hieß am 16. 11. 2020 die Zeitungsüberschrift: „Wasserwerfer bei Querdenken-Demo. - Großaufgebot der Polizei bei Protest gegen Corona-Beschränkungen in Frankfurt." Das waren dann 600 Querdenker im Bahnhofsviertel – aber es gab auch 300 Gegendemonstranten. Und eine Woche zuvor hatte es eine Querdenker-Demo in Leipzig gegeben – und nachfolgend wurden die Querdenker-Demos immer mehr, teilweise mit über Tausend Demonstranten.

Der Microsoft-Gründer Bill Gates warnte Ende Januar 2021 vor Corona-Verschwörungstheorien mit den Worten: „Glauben Menschen solches Zeug wirklich?" Und meinte, dass eine Normalität noch lange nicht in Sicht sei. (27. 1. 2021) -

Zum 1. Mai wurde und wird immer wieder in vielen deutschen Städten, nicht nur von der Gewerkschaft, sondern auch von Linksextremisten demonstriert. Die Führungsfigur machte beispielsweise in Hamburg eine Offensive mit rund 1.000 Personen: „Für eine Zukunft ohne Krisen und Kapitalismus." - Und immer ist ein Großaufgebot der Polizei dabei, was dann der Steuerzahler bezahlt. In Wirklichkeit ging aber der geforderte Sozialismus wegen seiner Krisen ein.

Doch viele sind nicht nur gegen das Impfen, sondern auch gegen die Polizei, obwohl die nur dafür sorgen soll, dass die demokratisch von der gewählten Regierung erarbeiteten Gesetze auch eingehalten werden. Immer wieder werden Polizisten sogar erschossen.

Beispielsweise wurde eine Polizeianwärterin und ein Polizei Oberkommissar Anfang Februar 2022 bei einer Routinekontrolle erschossen. Am 3. 2. 2022 brachte „Bild" den großen Bericht über die Angst der Ehefrau eines Polizisten: „Wer Uniform trägt, gerät immer häufiger in Gefahr." Ihr Mann hatte als Polizist schon Morddrohungen erhalten. „Sie werden angeschrien, weil sie sich erdreisten, die Straße zu sperren. Sie werden angespuckt, weil der Täter es nicht besser weiß – oder meinem Mann wird gedroht: ‚...Tochter, Frau, Mutter, dann bringe ich alle um.'" Es sind zu wenig Polizisten für immer mehr Arbeit da.

Am 4. 2. 2022 läuteten im Gedenken dann auch viele Kirchenglocken. Und in vielen Orten, wie Berlin, Hamburg, Magdeburg, Frankfurt, Essen, Lüneburg etc. fanden Trauerfeiern statt. Und Louis Hagen schrieb am 5. 2. dann (in „Bild"): *„Millionen Menschen sagen unseren Polizisten Danke."*

Auf der Rückfahrt von einer AfD-Demo in Chemnitz fasste der Neonazi Stephan Ernst schon 2018 wegen dessen Willkommenskultur gegenüber den Flüchtlingen, den Entschluss den CDU-Mann Walter Lübcke zu erschießen – und tat dies auch am 2. Juni 2019 auf dessen Terrasse. Fast unsinnige Demos und selbst Morde werden also mehr. - Das Internet verändert die Gesellschaft und sogar die Demokratie. Doch dazu später die Beweise. Wolfgang Thierse von der SPD sagte: „Debatten über Rassismus, Postkolonialismus und Gender werden heftiger und aggressiver."

Am 14. 5. 2021 hieß die Zeitungsüberschrift: „Muslimische Extremisten hetzen gegen unsere Mitbürger. Hier explodiert der Judenhass auf Deutschlands Straßen." Dazu ein Foto: „In Mannheim werfen antisemitische Randalierer Steine auf eine Synagoge, Glas splittert" - Ein anderes Foto zeigt: „Fanatischer Judenhass: 180 Personen wollen in Gelsenkirchen die Synagoge angreifen, können gerade noch von der Polizei gestoppt werden. Der Mob skandiert daraufhin: ‚Scheiß Juden!' - Und ein weiteres Foto zeigt: „MÜNSTER – Die Polizei verhindert in Münster den Angriff auf eine Synagoge, daraufhin verbrennen Judenhasser eine Israelflagge vor dem Gotteshaus." Und dazu werden der Bundespräsident Steinmeier, der Innenminister Seehofer genannt mit „Judenhass werden wir nicht dulden"

Nur 4 Tage später war die Überschrift: „Antisemitismus importiert." + Deutschland für Juden nicht mehr sicher. + „Vielleicht waren wir zu tolerant" – Die Aussagen aus der deutschen Regierung. - „Schon 2014 skandierten Tausende radikale Moslems in Frankfurt: ‚Hamas Juden ins Gas!' 2018 gaben 41 % der

161

deutschen Juden bei einer EU-Umfrage an, dass die Täter bei antisemitischen Angriffen Muslime seien. Fazit der muslimischen Frauenrechtlerin Seyran Ates: ‚Deutschland braucht eine 180-Grad-Wende in der Migrations- und Integrationspolitik.“

Am 29. 30. 5. 2021 hieß die Zeitungsüberschrift (HA): „Er rief ‚Allahu Akbar‘: Polizei erschießt Angreifer in Winterhude (Stadtteil von Hamburg). Mann geht mit Messer auf Autofahrer und Passanten los….“

Aber schon am 31. 5. 2021 brachte Bild das Foto mit „Islamistenaufmarsch mit Särgen mitten in der Innenstadt“ (von Hamburg). Und dazu die Überschrift: „Warum duldet der Staat solche Islamisten-Auftritte?“ Dazu“Kindermörder Israel – diese entsetzliche Hassparole grölen 200 fast ganz in schwarz gekleidete Islamisten mitten in der Hamburger Innenstadt. Sie fordern die Vertreibung der Juden aus Israel.“

Am 9. 6. 2021 hieß dann die Presseüberschrift (HA): „Deutlich mehr antisemitische Straftaten im Mai. In nur 3 Wochen leitete die Polizei 17 Ermittlungsverfahren ein. Eine Ursache ist der eskalierte Nahostkonflikt.“

Konflikte überall und immer wieder: So demonstrierten gleich Anfang 2022 beispielsweise in Thüringen 8.000 gegen die geplanten Corona-Maßnahmen. Davon 2000 in Gera – in Altenburg und Saalfeld jeweils 1000. Überall Demos gegen eine eventuelle Impfpflicht zum Schutz der Bevölkerung. In Mecklenburg-Vorpommern waren es mehrere tausend Demonstranten, ebenso in

Brandenburg, in Hessen, in Sachsen und Sachsen-Anhalt, in Hamburg und sogar in Bayern.

Aber warum? Wer sich ansteckt kann wieder andere anstecken. Dies wäre dann eigentlich eine strafbare Körperverletzung, genau wie die Nichteinhaltung einer Impfpflicht. Dann müsste die Polizei kommen – stattdessen kommt die Impfpflicht nicht. Immer mehr werden krank – auch in der Logik.

Wo bleibt die Logik? Es geht um sehr viel - gegen den Unsinn. Im „Hamburger Abendblatt" schrieb Herr Iken am 5./6. 2. 2022: „Von Corona Leugnern und Corona Eiferer: Das Virus befällt die Hirne. Manche verfallen in Verschwörungstheorien, andere finden nicht aus der Pandemie heraus."

Über ein anderes Problem befragte Bild am 2. 8. 2022 Herrn Sarrazin: Derzeit gibt es eine Debatte über ein Art 3. Geschlecht, manche Menschen fühlen sich vom biologischen Schema „Mann oder Frau" diskriminiert…Herr Sarrazin: „…Unsere Chromosomen bestimmen, ob wir Mann oder Frau sind. Das lässt sich für 99 % der Menschheit ohne Zweifel feststellen. Wer das Gefühl hat, als Mann im Körper einer Frau zu stecken oder umgekehrt, der kann sich operieren lassen, sich einen neuen Namen geben und verdient dafür Respekt. Dieser Mensch hat trotzdem nicht das Recht, seine Gefühle allgemeinverbindlich allen anderen aufzudrücken."

Kapitel 12:
Das Internet und die Gesellschaft.

Als der frühere AfD-Mitbegründer, und dort seit Jahren nicht mehr tätige Hamburger Professor für Volkswirtschaftslehre Bernd Lucke (57) am 16. 10. 2019 wieder mit Vorlesungen in der Hamburger Universität beginnen wollte, wurde er von Demonstranten niedergebrüllt und musste unter Polizeischutz das Gebäude verlassen. (HA 17. 10.) Als er eine Woche später wieder eine Vorlesung halten wollte, stürmten ca. 30 teils vermummte Jugendliche erneut seine Vorlesung und brüllten: „Es gibt kein Recht auf Nazipropaganda!" Dabei hielten sie Spruchbänder hoch – mit der Aufschrift „Antifaschistische Aktion." (HA 24. 10.) Das war dann wohl links.

Aus eigener Erfahrung weiß ich, dass die Volkswirtschaft nichts mit Nazipropaganda zu tun hat. Aber auch schon vor über 60 Jahren beschäftigte ein Mit-Kommilitone die Volkswirtschafts-Vorlesung in meinem Beisein mit dem Einwand, der Sozialismus sei besser, worüber dann auch diskutiert wurde.

Am 9. November 2019 wurde in Deutschland der dreißigste Jahrestag gefeiert, an dem Hunderttausende über die deutsch-deutsche Grenze strömten, in Berlin die Grenzmauer eingerissen und überklettert wurde, und auch durch den damaligen sowjetischen Präsidenten Gorbatschow und die Regierungen in Ost und Westdeutschland sowie die USA die Wiedervereinigung Deutschlands rund 1 Jahr später ermöglicht wurde. Die damalige DDR, die Deutsche Demokratische Republik war eben nicht demokratisch, die Staatssicherheit (Stasi) überwachte alles und der Sozialismus bewährte sich nicht, nur deshalb wollten wohl fast alle die Grenze überwinden.

Das Links-negative der DDR erlebte die heutige Jugend genauso wenig mit, wie das Rechts-negative der Nationalsozialisten. Vor allem deshalb gibt es wohl immer mehr Links und Rechts. Aber nur die gleichen Ideen reden im Internet mit einander. Mit anderen dagegen nicht. Das ist ein Hauptproblem.

„Der dritte Versuch des genannten AfD-Mit-Gründers Professor Lucke fand dann in einem Physik-Hörsaal statt. Eine Hundertschaft und Absperrgitter sicherten das Areal." (HA 1. 11. 2019 Jessen, Rascher.) Zuvor kritisierte in Berlin sogar der Bundespräsident die Verhinderung einer Vorlesung von Bernd Lucke an der Universität Hamburg und der Rede des CDU-Politikers Thomas de Maiziere. „Das offene Ohr, das beherrschte Wort, die schonungslos ehrliche, aber auch respektvolle Auseinandersetzung seien Tugenden, die das Land dringend brauche. Was nicht gebraucht werde, sind aggressive Gesprächsverweigerung, Einschüchterung und Angriffe," (26./27. 10. 2019 HA/dpa.) so der deutsche Bundespräsident. Am 18. 11. 2019 forderte der deutsche Bundespräsident Steinmeier bei der Hochschulrektorenkonferenz in Hamburg dann eine neue Form der Streitkultur. „Diese Form der Auseinandersetzung müsse aufs Neue gelernt werden, Staatsbürger, die es gelernt haben, strittige Themen mit offenem Visier zu diskutieren – und Unterschiede auszuhalten, ohne sich in Selbstverkapselung zu verkriechen oder in rücksichtsloser Aggressivität nur die eigene Meinung gelten zu lassen." (dpa/mha/HA)

Am 21. 10. 2019 hieß als Beispiel fehlender Streitkultur vor der Wahl im deutschen Bundesland Thüringen die Überschrift (t-online/AFP): „Dann wollen sie mich abstechen." Thüringens CDU-Spitzenkandidat Mike Mohring hatte zuvor schon per E-Mail eine Morddrohung erhalten. Und nun erhielt auch der Grünen-Politiker Dirk Adams als Fraktionsvorsitzender im Thüringer Landtag kurz vor der Landtagswahl eine Morddrohung. Mohring sollte nach der Forderung seinen Wahlkampf bis Sonntagmittag einstellen. „Das haben Rechtsextremisten von mir gefordert", sagte Mohring. „Wenn ich das nicht tue, dann wollen sie mich abstechen, so wie die Oberbürgermeisterin von Köln, Henriette Reker, oder gar eine Autobombe zünden."

Das war dann also rechts, obwohl früher die CDU als rechts bezeichnet wurde. Heute ist es die AfD-Partei. Und am 8. 11. 2019 (HA/zv) hieß dann eine Zeitungsüberschrift in Hamburg: „Linksextreme bekennen sich zu Farbanschlag auf Polizeiwache." Auf einer linksextremen Internetplattform tauchte dazu ein Bekennerschreiben auf. - Woher kommt, zusätzlich zum Internet, diese heutige rechts- und linksextreme Gewaltbereitschaft? Der frühere Berlin-Neuköllner Bürgermeister Heinz Buschkowsky schrieb einmal das Buch „Überall ist Neukölln." Und so ist es tatsächlich, wenn es zum Beispiel von einem Hamburger Stadtteil am 7. 11. 2019 (HA/epd) hieß: „...Hamburger Osten gilt als sozialer Brennpunkt. Die Migrantenquote liegt bei 58 Prozent, bei Jugendlichen sogar bei 80 Prozent.

Etwa ein Viertel der Bevölkerung erhält Sozialleistungen."

Trotzdem laufen fast alle in dem Stadtteil mit dem Smartphone oder Handy herum, mit dem jeder seine für ihn richtige Welt sucht und findet. Und viele freuen sich auch über die Zuwanderung. Zunächst auch die Wirtschaft, weil immer mehr - einschließlich neuer Wohnungen - verbraucht wird. Andere denken an die 80 % der jugendlichen Migranten und die 25 % Sozialleistungen. Sind sie dann schon rechts und die anderen links?

Was sagte der deutsche Bundespräsident in Berlin? „Was nicht gebraucht werde, sind aggressive Gesprächsverweigerung, Einschüchterung und Angriffe." Neben den schon genannten Anschlagsdrohungen auf Politiker, waren kurz zuvor die Schüsse von Halle ein „Weckruf für die Republik." So der Leitartikel vom 10. 10. 2019 im „Hamburger Abendblatt." (Das waren Schüsse auf eine Synagoge.) Und am 21. 10. (HA) forderte dann ein grüner Justizsenator in Hamburg: „Möglichst mehr Strafanzeigen, mehr Staatsanwälte und Druck auf Facebook & Co. Das sind die Eckpunkte einer Offensive gegen ,Hate Speech' im Internet." Am gleichen Tag wurde er in der Zeitung zitiert mit: „Steffen: ,Das Risiko von rechter Gewalt wächst."

Nach Schätzungen der Deutschen Migräne und Kopfschmerzgesellschaft hat etwa jedes zehnte Kind Migräne. Auch von Sehstörungen, Übelkeit und Erbrechen wird berichtet. Als Hauptursache gelten verspannte Muskeln im Schulter- und Nackenbereich. Aber auch verstärkter Medienkonsum, (Also Internet – ‚Das Internet muss weg' heißt ja das Buch dazu.) Seelischer Stress und körperliche Inaktivität. Die kommt auch vom Sitzen vor dem PC. Und am 6. 10. 2020 hieß die Zeitungsüberschrift (HA): „70 % der jungen Frauen fühlen sich laut Studie im Internet belästigt. Bedrohung stärker als auf der Straße:" Das war von der Kinderschutzorganisation Plan International. Und die Geschäftsführerin sagte dazu: „Diese Angriffe haben tiefgreifende Folgen für ihr Selbstvertrauen und damit auf ihr gesamtes Leben."

Der Vorstandchef des Hubert-Burda-Media-Konzerns, Paul Bernhard Kallen, pochte (HA/dpa 8. 11. 2019) „auf eine viel strengere Regulierung sozialer Medien. Es seien Monopole entstanden, die weite Bereiche der Wirtschaft bedrohten…Man habe die sozialen Massenmedien ‚ohne jede Überlegung, ohne Regulatorik, ohne jede Verantwortung einfach auf die Menschheit losgelassen'….Für WhatsApp etwa gebe es für den Umgang mit Daten überhaupt keine Regeln. Dabei erreichten die sozialen Medien mehr Menschen als TV, Radio und Print." - Die Gewalt breitet sich also aus, während sich die europäische Kultur vermindert. Wir merken gar nicht, wie wir durch unsere Daten in unseren Meinungen, Entscheidungen und Beziehungen manipuliert werden.

Das Internet verbraucht nicht nur immer mehr gutes Miteinander, sondern ist außerdem einer der größten Energie und damit Klimaverbraucher. Dazu einige Daten: „Wäre Internetnutzung ein Land, wäre es der drittgrößte Energieverbraucher (inkl. Aller Geräte) nach

China und USA." Das brachte „BILD DEUTSCH-LAND" am 29. 10. 2019. Das ZDF-Fernsehen hat im Mai 2019 einen Bericht mit dem Titel „Smartphones 2040 die größten Klimakiller" gesendet. Darin hieß es auch: „Kanadische Forscher warnen: Der CO2-Ausstoß von Smartphones bedroht die Umwelt, Schuld daran ist der weltweite Datenaustausch der Handynutzer." Der von der BILD-Zeitung genannte Energie- und damit Umweltverbrauch wird allerdings noch erheblich erhöht. Denn die RWTH Aachen errechnete im Auftrag des Stromlieferanten EON: Der Strombedarf könnte in Deutschland bis 2025 um 3,8 Terawattstunden (TWh) zunehmen, und zwar allein durch das 5G-Netzwerk. Das ist so viel Strom, um alle 2,5 Millionen Menschen in Düsseldorf, Köln und Dortmund ein ganzes Jahr mit Strom zu versorgen. „Es wäre zwingend erforderlich, die Abwärme der Rechenzentren zu nutzen und auf klimafreundliche Technologien zu setzen."

Im deutschen Grundgesetz steht: Artikel 2: Das Recht auf Leben und körperliche Unversehrtheit. Wenn es „um so viel, um alles, den Erhalt unserer Gesellschaft, unserer Gemeinschaft, der Demokratie – um Deutschland, um Europa." geht, dann muss auch „das negative im Internet weg." Dies schrieb der Autor Schlecky Silberstein in seinem Buch: Das Internet muss weg.

Doch zurück zum BILD-Bericht: Zusätzlich erbrachte das Internet die reichsten Unternehmer, die Bild auch nannte: Amazon Gründer Jeff Bezos (geschätzt 109,9 Mrd. US Dollar), Mark Zuckerberg von Facebook (62,3 Mrd. US Dollar), Larry Page als Erfinder von Google

(49,8 Mrd. US-Dollar, damit dies mehr wird, muss jetzt jeder Portaleingeber monatlich bezahlen – anders als bei Mozilla Firefox) und MA Huateng, der Tencent in China gründete (38,8 Mrd. US-Dollar). Ein zusätzliches Hauptproblem: Die Steuern werden oft nicht in dem Land gezahlt, in dem das Geld verdient wird, so auch nicht in Deutschland, sondern in einem Land mit geringeren Steuern. Am 27. 10. 2020 forderte mich die Umweltorganisation Campact auf, mit gegen die Steuerungerechtigkeiten zugunsten von Google, Facebook oder Netflix zu protestieren.

Sodann verbringt beispielsweise jeder Deutsche durchschnittlich 3 Stunden online - und 14 – 29-jährige sogar über 6 Stunden. In dieser Zeit werden keine Bücher oder eine noch meistens objektive Presse gelesen. Und es werden mit Sicherheit die großen klassischen Konzerte der europäischen Kultur nicht gehört. „Smombies – nur Augen für das Smartphon. Der Blick auf dem Display, bewegen sie sich durch den Straßenverkehr. Unfallmediziner und Forscher sind besorgt, denn die Zahl der Unfälle steigt." So hieß am 20. 12. 2019 eine Hauptüberschrift (Anett Stein/HA). „Betroffen sind vor allem Jugendliche." Und „Zahl der Autounfälle durch Handynutzung steigt." So 2 Unterüberschriften darin. 2/3 der Fußgänger telefonieren regelmäßig, 43 % schreiben Nachrichten – und fast die Hälfte nutzt die Geräte auch beim Überqueren der Straße war dort zu lesen. Also: Das Internet muss (meistens) weg.

Am 4. 12. 2019 brachte Frau Leidinger auf T-Online: „So klimaschädlich ist das Internet": Und dann schrieb sie dazu: „Fliegen und Autofahren ist schädlich fürs Klima. Das dürfte den meisten Menschen mittlerweile

170

bewusst sein. Aber die wenigsten machen sich darüber Gedanken, dass es ebenso klimaschädlich ist, sich ein Video bei YouTube anzusehen, kurz etwas bei Google zu suchen, oder online einzukaufen. 3,8 Millionen Suchanfragen werden weltweit pro Minute allein bei Google gestellt. Jede Suche verbraucht dabei laut Google 0,2 Gramm Kohlendioxid. Das bedeutet, dass allein die Suchmaschine pro Minute 760 Kilogramm CO_2 produziert. Würde man diesen CO_2-Verbrauch mit dem eines Autos vergleichen, fährt Googles Suchmaschine alle zwei Minuten einmal um die Welt.

Den Großteil ihrer Zeit verbringen Menschen im Internet aber nicht mit Google-Suchen, sondern mit dem Ansehen von Videos. Bei einem Drittel davon handelt es sich um pornografisches Material. Wären die Streamingdienste wie Netflix und Amazon ein Land, würden sie in einem Jahr so viel CO_2 produzieren wie Chile, wie eine Untersuchung des ‚Shift Projects' zeigt." - „Kurz etwas bei Google zu suchen", kann seit 2019 auch dazu führen, nur die Unternehmen dort zu finden, die dafür extra Geld bezahlen. Wer das nicht wollte, wurde dort gelöscht und ist nur noch bei „Mozilla Firefox" zu finden.

In Deutschland soll aber zukünftig der Jugendschutz bei „Instagram & Co" eingeführt werden. Onlinespiele und Filme erhalten dann eine Alterskennzeichnung für Onlinespiele und Filme. „Auch in der digitalen Welt brauchen Kinder und Jugendliche Schutz – vor Mobbing, sexualisierter Anmache, vor Hassrede oder Abzocke", sagte die 2019er Familienministerin Giffey der Redaktion des „Hamburger Abendblattes". Und die EU-Wettbewerbskommissarin Vestager sagte: „Das freie Internet ist Utopie" und beklagte die Kommerzialisierung im Netz. (HA 14./15 12. 2019)

„Stromfresser Internet. EU Kommissionsvize Vestager erwartet hohen Energieverbrauch durch Digitalisierung", war dann am 16. 12 2019 die Überschrift im „Hamburger Abendblatt". Und darin berichtete Herr Kerl beispielsweise von Zahlen des Stromversorgers EON, dass allein durch Plattformen wie YouTube und Netflix und durch Videokonferenzen mit Skype und anderen weltweit rund 200 Milliarden Kilowattstunden Strom pro Jahr verbraucht werden. Schon 2018 hätten diese Plattformen ungefähr so viel Strom verbraucht wie alle Privathaushalte in Deutschland, Italien und Polen zusammen, berichtete dpa. Oder 40.000 Google-Suchanfragen pro Sekunde weltweit mit je 0,3 Watt bringen 12 KW pro Sekunde oder 43.200 KW pro Stunde. Wenn dieser Mobilfunkverbrauch mit viel Geld immer weiter ausgebaut wird. Und wenn dazu noch der UN-Klimagipfel in Madrid am 15. 12. 2019 mit „Stillstand beim Klimaschutz" (HA) zu Ende ging, dann wird es so noch lange nichts mit dem „Umwelt- und Lebenserhalt statt Untergang", sondern nur der Untergang kommt. Viele sitzen eben auch beim Computerspiel mit großem Stromverbrauch vor dem Internet. Das wird aber in Deutschland sogar aus Steuermitteln gefördert.

Dazu schrieb der Abendblatt Redakteur Iken u. a. in seiner Hamburger Kritik am 30. 11/1. 12. 2019: „Wirklich groß ist die große Koalition nur im Geldausgeben. Vor wenigen Tagen waren es 200 Millionen Euro Förderung für die Computerspielindustrie – offenbar eine systemrelevante Branche."

Damit alle immer nur noch spielend mit dem Smartphone herumlaufen? Die Überschrift zum Artikel hieß: „Wenn jeden Tag Black Friday ist. - So schnell hat die Politik noch nie Milliarden verteilt. Nun gerät sogar die Schuldenbremse ins Visier." Und dann schrieb er auch: „Ein seltsames Bündnis von rechts bis links möchte die Geldschleusen endgültig öffnen. In der vergangenen Woche forderten der Bund der Deutschen Industrie und der deutsche Gewerkschaftsbund, dass der Bund in den kommenden 10 Jahren jedes Jahr 45 Milliarden zusätzlich investieren soll."

Aber wohin? – Statt in den vom Autoren beschriebenen Unsinn, stand in derselben Zeitungsausgabe: (Deutsche) „Nordländer sehen existenzielle Krise der Windenergie" - „Wir brauchen einen deutlich schnelleren Netzausbau. Wir haben Überkapazitäten und müssen die Windanlagen abschalten. Das kann niemand verstehen", sagte Günther (der Ministerpräsident von Schleswig-Holstein.) Bekannt ist dies seit Jahren. Aber lieber wird wohl das Geld für den Spaß ausgegeben. So schrieb der Autor Iken in seinem „Black Friday" zum Geldausgeben: „Die SPD möchte Verhütungsmittel kostenlos für alle verteilen."

Das ist aber noch nicht alles. In Hamburg hieß die Überschrift: „Zwei Millionen Euro – Senat fördert Gamesfirmen. Gründer und Entwickler digitaler Spiele erhalten in den nächsten Jahren wieder öffentliche Unterstützung." – Der Kultursenator gab dies bekannt. (HA 10. 1. 2020). Für Internetspiele, die heutige Kultur – mit steigendem Stromverbrauch – und mehr Kranken. Am selben Tag war auch die weltweite Demo „Fridays for Future" für eine andere Klimapolitik – und in

Deutschland auch gegen den Konsumrausch beim „Black Friday". Und „ausgerechnet am internationalen Protesttag für mehr Klimaschutz hat der Bundesrat Teile des Klimapakets der Bundesregierung gestoppt."

Am Montag, dem 22. 6. 2020 lautete die Zeitungsüberschrift (HA B. Grachtruf): „Bürgerkriegsähnliche Zustände" – „Rund 500 Randalierer verwüsten Sonnabendnacht die Stuttgarter Innenstadt und greifen Polizisten an." Geschäfte wurden geplündert, Schaufenster mit Pflastersteinen zertrümmert und die 200 eingesetzten Polizisten angegriffen. Es wurde eine Nacht der Gewalt und Zerstörung. „24 Menschen wurden festgenommen, 12 davon haben deutsche Staatsangehörigkeit, in 7 Fällen wurde Haftbefehl beantragt. 12 zum Teil völlig zerstörte Einsatzwagen. 40 beschädigte Schaufenster, 9 geplünderte Läden, Verwüstung in den Einkaufsstraßen. Die Krawalle beginnen gegen Mitternacht. Während der Kontrolle eines 17-jährigen wegen eines Drogendelikts solidarisieren sich viele Feiernde gegen die Polizisten. Junge Männer, viele von ihnen vermummt, ziehen randalierend durch die Straßen Richtung Schlossplatz."

Aber schon am 20. 7. 2020 hieß die Zeitungsüberschrift: „Krawalle erschüttern Frankfurt. Gewalt in ‚Partyzone': Polizisten werden verletzt, fast 40 Randalierer festgenommen." „Es handelt sich vorwiegend um Männer mit Migrationshintergrund, (17-23)" sagte der Frankfurter Polizeipräsident (HA/dpa) – „Die Personen seien überwiegend polizeilich bekannt, etwa wegen gefährlich Körperverletzung, Diebstahl oder Drogenhandel." (HA 21. 7. 20, Erlenkämpfer). Doch was hat denn dies mit dem Internet zu tun, werden Sie fragen: „Eine entscheidende Rolle bei der Eskalation spielen" laut dem Forscher Professor Heitmeyer vom IKG der Uni Bielefeld, „die sozialen Medien – über sie würden sich Mobilisierungseffekte ergeben, durch die die Zahl der beteiligten Personen rasch wachse. ...Gleichzeitig diene die Verbreitung von Videos der Selbstinszenierung; Zumindest in ihrer Bezugsgruppe könnten die Randalierer damit Anerkennung ernten." (HA 23. 6. 2020 T. Martus.)

Am 17. 7. 2020 brachte „BILD DEUTSCHLAND" dann: „USA warnen: Sollte Deutschland beim Ausbau des 5G-Netzes (siehe ff Kapitel) auf Chinas Huawei setzen, so wird vor Spionage im Internet gewarnt. Großbritannien, Kanada und Australien wandten sich deshalb schon von Huawei ab."

Herr Hieff vom ADAC Hansa sagte: „Hände weg vom Handy! Das wird auch in Hamburg zunehmend zur Hauptunfallursache" (31. 7. 2020 HA). (Handy ist auch = Smartphone.) Soviel über das Negative im Internet und die Förderung des Spielens auf dem Smartphone oder Computer im Internet. – Zusätzlich kommt neuerdings als neue Mode, überall im Hause alles zu regeln oder regeln zu lassen: Smartphone und Home sind dann zusammen Smarthome. Dann heißt es zum Komfort: Moderne Hauselektronik ist klug – und unsere Smartphone Apps steuern mit viel Wissen die Funktionen des Hauses. So lassen sich Beleuchtung, Rollladenmotoren, Panikschaltung und sichernde Magnetkontakte nach Wunsch steuern. Vom zusätzlichen Energieverbrauch, der zu- sätzlichen Wärmeentwicklung und auch der Strahlung redet man natürlich nicht.

Von der zusätzlich „krankmachenden Wirkungen des Mobilfunks" will allerdings weder die Politik noch die Bevölkerung oft etwas wissen, da der Mobilfunk ja angeblich überall wichtig ist. Vielleicht ist dies ja sogar richtig, wenn dadurch die Menschenmenge mit sich vergrößerndem Umweltverbrauch krank und damit verringert wird.

Klaus Weber schrieb dazu „Mobilfunk – die verschwiegene Gefahr" (Febr. 2019 ISBN 879-3-905533-05-7 Herausgeber: Klagemauer.TV www.kla.tv. Im Inhalt heißt es z. T.: II. Das „Grenzwert-Lügen-Gebäude", III. Studie, die biologische Effekte belegen, IV. Schädigungen an Menschen, Tieren und Pflanzen, V. Fallbeispiele der Praxis, VI. Die Ignoranz der Behörden, VII. Die Macht der Lobby, VIII. 5G: Der Quantensprung zur weltumspannenden Mikrowellenbestrahlung.

Und Manfred Spitzer schrieb das Buch „DIE SMARTPHONE-EPEDEMIE, Gefahren für Gesundheit, Bildung und Gesellschaft."

Aber alles dreht sich etwas um - durch die Corona-Warn-App, die im Google Play Store für Android-Geräte ab 6 und im Apple App Store für iPhones angeboten werden.

Am Samstag, dem 29. August 2020 demonstrierten rund 10.000 in Berlin gegen die strengen Auflagen gegen die Corona-Ansteckung. Hinzu kam die große Demo: „Rechte Corona-Demonstranten zogen am Sonnabend mit Reichsflaggen vor das Berliner Reichstagsgebäude (HA 1. 9. 2020)". Darunter stand: „Die Wut frisst sich immer mehr in die Mitte der Gesellschaft. – Nach der Erstürmung der Reichstagstreppe in Berlin – wie die internationale Presse die Lage in Deutschland kommentiert." – „Was hat denn das mit dem Internet zu tun?" Lautet dazu vielleicht die Frage. Das beantwortete die „New York Times" z. T. so: „Hinter der seltsamen Koalition aus gewöhnlichen Bürgern, Verschwörungstheoretikern und Extremisten vom rechten Rand steckt der Glaube, dass sie eine verborgene Wahrheit entdeckt haben, die entweder ignoriert oder schändlicherweise versteckt wurde. …Die Proteste wären wahrscheinlich nicht möglich ohne die geschlossenen Umfelder von Telegramm-Kanälen oder Whatsapp-Gruppen - und sie sind undenkbar ohne den Algorithmus von YouTube …" Man sieht: Das Smartphone ist wohl an vielem Schuld Schuld. Die bekannte Herzogin Meghan verglich im US-Magazin „Fortune" die Abhängigkeit von sozialen Medien mit einer Drogensucht (HA 15. 10. 2020).

Da weiterhin immer mehr ihr Smartphone lieben, noch 2 Tipps dazu zuletzt: 1.: Wie bekannt ist, sollte man bei Smartphones möglichst „Mobile Daten aus" aktivieren, um die eigenständigen Aktivitäten des Smartphones im Internet zu unterbinden. 2.: Es gibt - neben Strahlungsaspekten – einen gewichtigen Grund, warum man auch NFC (Near Field Communication) abschalten sollte. Mehr hierzu gibt es in dem SWR-Beitrag „Vorsicht Verbrechen".Siehe https://www.youtube.com/watch?v=LMjHNbRjLCA.

Zuletzt noch der Hinweis: „Intelligente Stromzähler kommen – und mit ihnen mehr Überwachungs-Möglichkeit und variable Stromtarife." „Zunächst werden diese Smart Meter nur für Betriebe und Haushalte mit einem Stromverbrauch von mehr als 6.000 kWh im Jahr zur Pflicht." Und zusätzlich „bei Solaranlagen über 7 kW Leistung, Ladepunkten für E-Autos und Nachtspeicherheizungen." (19. 12. 2019 DEUTSCHE WIRTSCHAFTSNACHRICHTEN über Scheingräber.)

Wenn im nächsten Kapitel gefragt wird, was wird aus unserer Demokratie, dann passt dazu, dass der scheidende Datenschutzbeauftragte Professor Caspar die Demokratie durch das Internet in Gefahr sieht. Denn „Daten sind ein Schlüssel zur politischen Macht." So die Überschrift am 7. 6. 2021 im ‚Hamburger Abendblatt'.

Vom Hamburger Abendblatt fragte Jens Meyer-Wellmann den Professor unter anderem: „Wie gefährlich sind gezielt gestreute Falschmeldungen in den Social Media, sogenannte Fake News, für unsere Demokratie?"

Darauf kam die Antwort: „Die digitale Welt beruht zum großen Teil auf Manipulation. Die Erstellung von Profilen ist hierzu der Schlüssel. Wer die Menschen kennt, kann sie gezielt mit maßgeschneiderten Botschaften beeinflussen. Fake News spielen dabei eine zentrale Rolle. Daten sind ein Schlüssel zur politischen Macht, auch in Demokratien. Da sieht man: Die informationelle Integrität hat durchaus eine kollektive Bedeutung für staatliche Institutionen."

Am 22. 8. 2022 sagte dann Thilo Sarrazin anlässlich des Erscheinens seines neuen Buches: „Die Vernunft und ihre Feinde" über Facebook, Twitter und Co. In der Zeitung ‚Bild': „Heute ist jeder vom Status des scheinbaren Experten nur zwei Mausklicks entfernt...Aber den Wissensstand der Welt befördert das überhaupt nicht. Vorurteile, Verbohrtheit und Ideologien führen zu Fehlurteilen nicht zu Lösungen."

Auf anderen geistigen Kanälen fährt die neue Internet-Währung: „Klimakiller Bitcoin. Die Kryptowährung verbraucht bereits heute mehr Strom als die Niederlande." So die Überschriften vom 18. 5. 2021 (HA). Und wenn dann 2023 die Inflation steigt, dann vergrößert sich die Zuwendung zur Internetwährung noch mehr.

Kapitel 13:
Die Demokratie und alte Werte erhalten?"

Wenn fast am Schluss des Vorkapitels der Datenschutzbeauftragte die Demokratie durch das Internet bereits in Gefahr sah, dann ist diese Frage sicher auch beim Uni-Professor Lenzen begründet.

Über die Frage „was wird aus unserer Demokratie?" sprach der Chefredakteur des Hamburger Abendblattes Lars Haider mit dem Präsidenten der Hamburger Universität Dieter Lenzen. Dazu wurden dann Fotos gezeigt, wie Anhänger von Donald Trump nach dessen Abwahl das Kapitol stürmten und teilweise verwüsteten (4. 2. 2021 HA).

Der Uni-Präsident meinte unter anderem „Ich würde zum Beispiel gern wissen, wie ein Psychologe die Persönlichkeit eines Bewerbers (in der Politik) beurteilt.

Auf die Haider-Antwort, dass es hier recht gut sei, kam die Antwort: „Das stimmt. Trotzdem würde ich gern erfahren, welche der Persönlichkeiten vom Typus her am ehesten in der Lage ist, das Programm, das er oder sie artikulieren, so umzusetzen, dass es meinen Wünschen als Wähler entspricht."

Dies waren nur die letzten Sätze aus dem fast einseitigen Presse-Gespräch. Tatsächlich stürmte die große Volksmenge aber auch nur deshalb das Kapitol, in den USA, weil sie vorher über das Internet dazu aufgehetzt wurde. Immer wieder ließt man auch, dass Agenten über das Internet die Bevölkerung beeinflussen. Und in China besteht bereits eine Internet-Diktatur.

Der Uni-Präsident sagte aber vor den genannten letzten Sätzen: „Mit anderen Worten. Wir sind wirklich eine Vorzeigedemokratie, mit allen Stärken, aber auch mit allen Schwächen."

Ich darf die Frage stellen, warum gibt es so viele, die andere Entscheidungen des Parlaments wollen – und sich auch deshalb auf der Straße zusammenrotten?

Darf ich antworten, dass die Demokratie nach jeder Wahl wieder zurückgeht: Der Bundestag ist fast leer. Fast 200 Abgeordnete sollen angeblich noch Geld hinzu verdienen. Petitionen von Tausenden werden kaum beachtet. Die Bundestagsabgeordneten müssten bei über 10.000 € Monatsgehalt auch telefonisch erreichbar sein – und die Stadtverordneten, Kreistags- und Landtagsabgeordneten ebenfalls Die Bürger müssten ihre Sorgen loswerden können. Gleichzeitig kommen damit neue Ideen in die Politik.

Und die Asylanten müssten voll integriert werden. Dazu gehört, dass die Kinder, eventuell durch Zusatzsprachkurse, von der 1. Klasse an voll die Landessprache können. „Necla Kelek fordert Kopftuchverbot an deutschen Schulen." (9. 11. 2020 HA). Stand sodann in der Zeitung. Und der Staat muss mutiger werden und mit liberalen Muslimen zusammen arbeiten. - Doch das Kopftuch steht auch nicht im Koran. Stattdessen steht auch im Koran – genau wie in

181

der Bibel: „Du sollst nicht töten.!" Vielleicht sagen deshalb die Taliban, dass die Kinder nicht lesen und schreiben zu lernen brauchen." Damit sie das nicht nachlesen – ähnlich war es ja früher auch bei den Christen, bis Luther die Bibel in das neue Deutsch übersetzte. - Und Cem Özdemir war ganz ärgerlich als der Staat NRW an den Schulen Islam-Unterricht einführen wollte.

In fast keinem muslimischen Land gibt es eine echte Demokratie. Zur Integration und zur Demokratie gehört deshalb auch die Einbindung der Asylanten in die westliche Kultur und die Demokratie.

Und was sagte die frühere Bundeskanzlerin in Ihrer Neujahrsansprache 2019?: „Da ist die Schicksalsfrage des Klimawandels, die der Steuerung und Ordnung der Migration, da ist der Kampf gegen den internationalen Terrorismus."

Aus Anlass der Verleihung des Großen Verdienstkreuzes mit Stern der Bundesrepublik Deutschland an die Mitbegründerin der Biontech-Firma in Mainz, die den ersten Corona-Impfstoff entwickelte und jetzt auch Krebsmedikamente entwickelt, Özlem Türeci (54), wurde von dieser am 16. 9. 2021 in BILD DEUTSCHLAND gebracht: **„Wir müssen uns auf unsere alten Werte besinnen."**

Frau Özlem Türeci ist übrigens Ehefrau des Mitinhabers Ugur Sahin (56). Beide haben türkische Wurzeln, aber beide haben die deutsche Staatsbürgerschaft und treten für die europäische Kultur ein.

Frau Türeci schrieb, dass große Herausforderungen vor uns liegen. „Damit wir uns den Herausforderungen dieser veränderten Welt entgegenstellen können, braucht es einen Ruck durch unsere Nation, der alle gesellschaftlichen Gruppen erfasst; Gesellschaft und Politik, Wissenschaft und Wirtschaft, Jung und Alt… Ein Ruck, der unseren Blick auf die gemeinsame Vision ausrichtet: Eine lebenswerte Zukunft, auch für die uns nachfolgenden Generationen.

Ich wünsche mir für das Deutschland der Zukunft, dass wir uns zurückbesinnen auf unsere alten Werte, als Land der Erfinder und Ingenieure, der Dichter und Denker, als Apotheke der Welt. Dass wir diese Werte paaren mit Tugenden wie geduldiger Entschlossenheit, demütigem Mut, sachkundigem Pragmatismus. Das konstruktive Mitarbeit und Vielfalt nicht nur erlaubt, sondern eingefordert werden. Das Fehler keine Stolpersteine sind, sondern ein Zwischenschritt auf dem Weg zu etwas Besserem.....Alles was es braucht, haben wir in der Hand, im Kopf und im Herzen – jetzt ist die Zeit dafür."

Als ich den zukunftsweisenden Bericht von Frau Özlem Türeci gelesen hatte, erhielt ich eine Aufforderung, Aktien zu kaufen. Es hieß: „Ein kleines, bisher unscheinbares Biotech-Start-up hat es jetzt geschafft, ein Medikament zu entwickeln, welches die 3 bisher unheilbaren Krebsarten besiegt."

Ich möchte hinzufügen, dass auch die anderen Krebsarten durch das neue Medikament besiegt werden sollen. - Und die Erfindung geschah in den USA, weil man sich in Deutschland ja noch nicht auf die alten Werte, nach Frau Türeci, zurückbesonnen hatte. In Europa dauert dann die Zulassung wohl wieder etwas länger. Und der Verkauf und die Herstellung erfolgen durch große US-Firnen wie Pfizer. In Deutschland dauert dies natürlich, denn dort ist vieles langsamer geworden.

Der Leiter der deutschen Produktionsstätte der Firma Pfizer Deutschland GmbH in Berlin, Herr Dr. Glatz, schrieb dazu zur Wahlzeit 2021 in Deutschland aus der Freiburger Produktionsstätte der Firma:

„Als Leiter unserer Freiburger Produktionsstätte, dem größten Abpackwerk für feste Arzneiformen von Pfizer weltweit, habe ich im Laufe meiner Karriere beobachtet, dass mehr und mehr Forschung, Entwicklung und Produktion abgewandert ist.

Jetzt, mitten im Bundestagswahlkampf, wird viel diskutiert über Innovation, die Schaffung von Arbeitsplätzen und den Wirtschaftsstandort Deutschland. Viel steht auf dem Spiel – es gibt viel zu tun. Als Leiter unserer Freiburger Produktionsstätte, dem größten Abpackwerk für feste Arzneiformen von Pfizer weltweit, habe ich im Laufe meiner Karriere beobachtet, dass mehr und mehr Forschung, Entwicklung und Produktion abgewandert ist in Länder, in denen die Rahmenbedingungen (vermeintlich) besser sind. Was können wir also tun, was müssen wir tun, um den Pharmastandort

Deutschland zu stärken und im weltweiten Wettbewerb attraktiv zu bleiben?

Ein entscheidender Punkt ist die Vernetzung. Im globalen Wettbewerb sind starke Forschungs- und Produktionsnetzwerke zwischen Einrichtungen, Unternehmen und Institutionen entscheidend für den wissenschaftlichen und auch den wirtschaftlichen Erfolg. Denn Waren und Wissen kommen in der globalisierten Wirtschaft aus allen Teilen der Welt. Und das was wir tun – Entwicklung, Produktion und Distribution von Medikamenten und Impfstoffen –, funktioniert nur in einem starken, belastbaren Netzwerk. Das gilt auf internationaler, aber auch auf nationaler Ebene. So ist beispielsweise die Translation von Grundlagenforschung in angewandte Forschung äußerst schwierig, und ihr Übergang viel einfacher durch Vernetzung. Wir haben in Freiburg eine große Universität, zahlreiche Ausgründungen, traditionelle Forschungsunternehmen und auch Start-Ups. Mit ihren oft sehr guten Ideen können Start-Ups von der Symbiose mit größeren Unternehmen profitieren, die wiederum das Knox-How haben, ein Produkt auf den Markt zu bringen. Solche Partnerschaften sind gerade im risikobehafteten pharmazeutischen Bereich von großer Bedeutung."

„Neues Wissen rasch in die praktische Produktion und Anwendung zu überführen ist ein Schlüssel für ein Land wie Deutschland"

„Ein weiterer, ganz entscheidender Faktor, sind die Rahmenbedingungen: Die Infrastruktur, die bürokratischen Abläufe und der Stand der Digitalisierung, um

185

nur einige zu nennen. Hier darf Deutschland nicht den Anschluss verlieren. Hier muss die Politik gegenhalten, systematisch regulatorische Schwächen analysieren und konsequent abbauen. Deutschland ist ein Hochkostenland, ein Hochlohnland, ein Hochsteuerland. Wir sind höchstreguliert und haben lange bürokratische Verfahren. All das macht es besonders für junge Unternehmen schwierig, Produkte in Deutschland auf den Markt zu bringen. Neues Wissen rasch in die praktische Produktion und Anwendung zu überführen ist ein Schlüssel für ein Land wie Deutschland, um die Industrie auf Dauer zu halten, zu stabilisieren und wieder auszuweiten.

Neben den Rahmenbedingungen braucht es eine Reihe weiterer Faktoren, um hier produzieren und international wettbewerbsfähig sein zu können. So ist unsere eigene Innovationsfähigkeit am Standort Freiburg ein ganz entscheidendes Kriterium: Industrie 4.0 – Automatisierung, kontinuierliche Fertigung, Lean Manufacturing und eine ausgefeilte Logistik, die es uns erlaubt, in Rekordgeschwindigkeit in alle Teile der Welt zu liefern. Dazu kommen: Eine hochmotivierte Belegschaft, ein hoher sozialer Frieden, ein kooperativer Betriebsrat und die Infrastruktur, die wir in Deutschland haben. Wie schnell sind unsere Transporter auf Straße, Luft, Schiene? Wie sicher ist unsere Versorgung mit Strom, Gas, Wasser etc.. Das alles muss nahtlos zusammenspielen. Deshalb ist es eine wichtige Frage, wie sich Bürokratie, Vernetzung mit Wissenschaft und Forschung weiterentwickeln – denn das sind die Schlüssel für die Zukunft."

Auf unsere alten Werte zu besinnen ist angesagt, um zu Überleben. Zu diesen alten Werten gehört aber auch noch die Kultur. Dazu erklang zu Silvester 2021 aus der Semperoper in Dresden ein klassisches Konzert – und aus Berlin das Silvesterkonzert der Berliner Philharmoniker mit der Violinistin Janine Jansen. Unter den Besuchern war auch die frühere deutsche Bundeskanzlerin mit ihrem Ehemann zu sehen.

Allerdings gibt es auch in Deutschland nicht wenige Menschen, die bei alten Werten an etwas ganz anderes glauben. Dazu brachte am 7. 12. 2022 die ARD-Tagesschau mit nachfolgender Sondersendung – und am darauf folgenden Tag auch fast die gesamte Presse, dass ein echter Prinz, eine Richterin, eine Ärztin, viele weitere Personen - und viele Soldaten die deutsche Regierung stürzen wollten.

Bei der MEGA-RAZZIA in 11 Bundesländern mit 3000 Polizisten im Einsatz, wurden 25 Verdächtige festgenommen. Dazu „Bild": „Um kurz nach 9 Uhr wird der Mann, der bald Staatsoberhaupt des ‚Fürstentums Deutschland' sein wollte, abgeführt.

3000 Polizisten durchsuchten 150 Objekte in 11 Bundesländern, nahmen 25 von 54 Beschuldigten fest: Die „Reichsbürger" sollen eine terroristische Vereinigung gegründet und einen Putschversuch geplant haben."

Sodann wird beschrieben, wie bereits die Posten für die Justiz-, und Gesundheitsministerin sowie den Außenminister und Militärchef vergeben wurden.

Die Verschwörer trafen sich im Jagdschloss von Prinz Heinrich in Thüringen, um Pläne zu schmieden. Der Prinz, der Deutschland noch immer für besetzt hält, habe für die Zeit nach dem Umsturz schon Verhandlungen mit Russland geplant. Gemeinsam mit seiner russischen Freundin Vitalia B. (39). -

Am 9. 12. 2022 bringt „Bild": „Wie der fesche Prinz zum judenfeindlichen Spinner wurde": Nach der Wende, glauben Freunde, sei der Prinz langsam entgleist. Vor Gericht stritt er jahrelang um Ländereien in der Ex-DDR, verlor fast alle Prozesse….Der Prinz mutierte zum Verschwörer, zum Antisemiten und Staatsfeind. Dazu ein Foto mit: Der Fürst Heinrich XIII. Prinz Reuß (71) plante mit seien Spießgesellen einen blutigen Umsturz in Deutschland. - Und ein anderes Foto mit Fürst Heinrich IV: Ist entsetzt.

Am 13. 12. 2022 wurde dann in der Presse und zuvor in der Tagesschau von einer der 14. EU-Vizepräsidentinnen Eva Kailia aus Griechenland berichtet: Sie besaß 6 Häuser, 3 PKW, und fast eine halbe Million auf dem Konto. Alles meistens von Schmiergeldern und oft aus Katar.

Man sieht: Die Demokratie muss mit Vernunft von jedem in Europa lebenden verteidigt werden.

Kapitel : 14
Grün/Gelb/Rot durch das Klimaproblem

Der 1. Januar 2022 fiel auf einen Samstag, der 2. dann auf einen Sonntag – und am Montag, dem 3. Januar begann das neue Arbeitsjahr, zu dem Herr Florian Harms auf t-online dann seine ausgesprochen wichtigen Zusammenfassungen von wichtigen Änderungen schrieb. Deshalb möchte ich dies wiedergeben:

„**Doch nun ist Montag, der Baum rieselt, der Regen nieselt und die Pflicht ruft.** Für viele heißt das Arbeitsbeginn, für die Politik ohnehin, schließlich haben die Neuen in den Ministerien viel vor. "Wir brechen auf in eine neue Zeit", hat der Kanzler in seiner Neujahrsansprache versprochen – oder war das eher als Warnung gemeint? Mit seinen Ampelleuten will er Deutschland umkrempeln: Trotz coronaleerer Kassen sollen Fabriken, Verkehr, Wohnungen, Büros und überhaupt alles, was Energie braucht, in weniger als zehn Jahren grün werden – wobei bislang wohl die wenigsten Bürger begreifen, was dieser gewaltige Umbau bedeutet, doch dazu später mehr.

Das Jahr hat ja gerade erst begonnen, der richtige Zeitpunkt also für gute Vorsätze. Wirft man einen Blick auf die Titelseiten der bunten Blätter, scheint klar zu sein, welche Vorsätze auch in diesem Jahr Konjunktur haben: Abnehmen (wegen des Bratens, siehe oben), mehr Sport treiben (dito), weniger Stress (und natürlich trotzdem erfolgreich bleiben), mehr Zeit für gute Freunde, gute Bücher, gutes Essen (womit sich der Kreis zum Abnehmen schließt). Sie merken schon:

Es ist kein Wunder, dass derlei Vorsätze in der Regel kaum länger als zwei, drei Wochen halten, bevor sie in der Alltagsmühle zerrieben werden. Dazu die Meldung vom 3. 3. 2022 (HA): „Versorgungssicherheit geht vor Klimaschutz. Wirtschaftsminister Habeck (Grüne) bringt längere Laufzeiten für Kohlekraftwerke ins Spiel – und ändert damit seinen Kurs."

Alles sinnlos also? Vielleicht nicht ganz. Von **Erich Kästner** stammt der Satz „**Es gibt nichts Gutes, außer man tut es.**" Acht Worte, die mehr Weisheit enthalten als alle bunten Blätter. Schön ist dieser Satz nicht nur wegen seiner lapidaren Klarheit, die wirklich jeder begreift, der kein Brett vorm Kopf hat. Schön ist er auch, weil er zwar im Singular steht, aber den Plural meint. Wir Normalsterblichen dürfen daraus folgendes ableiten: Es genügt schon, dass wir uns selbst eine gute Tat oder eine konstruktive Verhaltensweise auferlegen, um die Welt ein kleines bisschen besser zu machen.

Das ist gar nicht so schwer. Jeden Tag einem Unbekannten ein freundliches Wort sagen, sei es auf dem Weg zur Arbeit oder an der Supermarktkasse. Sonntags das Auto stehen lassen und stattdessen per Rad oder pedes ins Grüne aufbrechen. Einen Baum pflanzen oder ein "Bienenhotel" aufhängen. Ein Patenkind in einem armen Land mit einer monatlichen Spende unterstützen. Rücksicht nicht als Schwäche, sondern als Stärke begreifen. Oder ganz einfach jedes Mal, wenn man sich wieder einmal über jemanden aufregt – seien es der Nachbar, die Kollegin, die Politiker oder wer auch immer – kurz innehalten und überlegen, ob die anderen vielleicht doch nicht so viel doofer sind als man selbst. Es gibt viele Möglichkeiten, im Kleinen Großes zu tun. Keine Heldentaten, aber gute Taten. Dinge, die anderen zugutekommen – und die wir zurückbekommen, wenn nur genügend Leute mitmachen. Es ist nicht schwer, **ein bisschen Liebe** zu geben. Aber es lohnt sich meistens sehr.

Handle so, dass deine Maxime zu einem allgemeinen Gesetz werden kann, hat der alte Kant seinen kategorischen Imperativ ausformuliert. Man muss gar nicht die Nase in ein philosophisches Buch stecken, um den Wert dieses Prinzips zu erkennen. Wenn jeder so lebt, dass alle gut leben können, gibt es weniger Missgunst, weniger Konflikte, weniger Zerstörung. Das ist doch ein schöner Vorsatz für 2023 ff.

Man kann nicht alles haben: So sieht sie aus, die deutsche Realität. Wer sowohl aus der Kernenergie als auch aus der Kohle aussteigen will, ohne der Bevölkerung gravierende Einschnitte beim Lebenskomfort zuzumuten, muss Kompromisse machen - kann sich dann aber nicht beschweren, wenn andere Länder dies ebenfalls tun. Ich sage es mal so: Wenn sich die rot-grün-gelbe Regierung erst mal eingegroovt hat, werden wir wohl noch viele Kompromisse sehen. Schließlich wird der Klimaschutz immer dringender." (Soweit wichtige 2022er Gedanken von Herrn Florian Harms auf t-online).

Aber am 2. 1. 2022 kam die Meldung aus Brüssel (rtr, dpa, t-online): „Die EU-Kommission will Atomkraft und Erdgas als nachhaltig einstufen – ganz im Sinne Deutschlands und Frankreichs….Die Bundesregierung begrüßt, dass die EU-Kommission Erdgas als Übergangstechnologie im Kampf gegen den Klimawandel einstuft."

„Für die Bundesregierung ist Erdgas vor dem Hintergrund des Ausstiegs aus der Kernenergie und aus der Kohleverstromung eine wichtige Brückentechnologie auf dem Wege zur Treibhausgasneutralität", sagte ein Regierungssprecher mit Blick auf die Vorschläge der EU-Kommission zur Nachhaltigkeits-Klassifizierung von Energieträgern."

Im Laufe des Wochenendes mäßigten die Berliner Regierungsvertreter ihren Ton dann – bis es am Ende schließlich hieß, die Bundesregierung "begrüße" den Brüsseler Plan, „weil der auch Gaskraftwerke fördere" Es war der fadenscheinige Versuch, den Konflikt kleinzureden, denn ein Zerwürfnis mit der ambitionierten EU-Kommission von Ursula von der Leyen oder gar mit dem wahlkämpfenden französischen Präsidenten Emmanuel Macron konnte sich das Team von Olaf Scholz in der wichtigen Klimapolitik nicht leisten. Selbst die Grünen beginnen zu merken, dass die eigene Glaubwürdigkeit leidet, wenn man einerseits anderen Ländern Vorgaben machen will, während man sich andererseits von Putins Erdgas abhängig macht. Das dann durch den Ukraine-Krieg gestoppt wurde.

Aber bei jeder Wahl wurden und werden die Grünen-Partei mehr, weil das Klima immer schlechter wird. In vielen Bereichen auf der Erde gibt es keinen Regen mehr, die Wärme wird auch mehr. Und die Meldungen vom 19./20 Juni 2022 in der Tagesschau und der gesamten Presse werden der Grünen-Partei weitere Stimmenzuwächse bringen: „Drohen uns FEUER-WALZEN wie in Kalifornien? Inferno in Brandenburg ++ Wasser-Hubschrauber und 750 Feuerwehrmänner im Einsatz +++ Dörfer evakuiert+++Böden metertief ausgetrocknet." Und weiter berichtete z. B. „Bild" aus Potsdam: „Der Wind jagt die Flammen über den ausgetrockneten Waldboden, fackelt einen Baum nach dem anderen ab. Nahezu ungehindert frisst sich die Feuerwalze zu Brandenburgs Dörfern und Städten durch. Erste Ortschaften mussten schon evakuiert werden." Dies beschrieb einer kleiner Ausschnitt aus dem Bericht der Bildzeitung. Aber – diese unglaubliche Klimaveränderung bringt den Grünen Wähler.

Mit der neuen Ampel-Regierung kamen außerdem positive und leider auch einige negative Änderungen zur Bevölkerung:

Positiv war beispielsweise der lange versäumte Beginn, die Munitions-Altlasten aus dem Meer zu bergen. „Munition im Meer - Regierung handelt. Bundesumweltministerium verspricht Hilfe ‚so schnell wie möglich'. Jan Philip Albrecht: Pilotprojekt ab 2023." Also gleich wird noch nicht gehandelt. Während in Frankreich viele neue Atomkraftwerke errichtet werden, werden sie in Deutschland zum Teil stillgelegt. Aber die richtige Atommüll-Endlagerung wird dabei von keinem geplant.

Schon 2010 empfahlen der Dipl.-Ing. Kiene zusammen mit 2 Drs. Ing. dem deutschen Bundesministerium für Umwelt, Naturschutz und Reaktorsicherheit die

Atommüll-Lagerung im wasser- und strahlungsdichten Betonbehälter. Es tat und tut sich aber nichts. Doch davon später mehr.

Am 27. 12. 2021 übermittelte t-online (cry) der „Nabu-Präsident warnt vor Flächenfraß" Der Präsident Krüger sagte: „Wir machen Deutschland kaputt. Die Bevölkerung schrumpft, doch die Betonwüste wuchert weiter: Aus Wiesen und Wäldern werden Neubaugebiete und Logistikzentren."

Die Bevölkerung vermehrt sich allerdings durch die Flüchtlinge, mit mehr an Kindern und nicht arbeitenden Frauen mit Kopftuch. Das Statistische Bundesamt sagte allerdings dazu: „Das aktuelle Bevölkerungswachstum in Deutschland ist nur ein Zwischenhoch durch kurzfristig hohe Einwanderungs- und Geflüchtetenzahlen." Schon ab 2031 soll die Bevölkerung wieder deutlich und dauerhaft schrumpfen. - Weil Deutschland dann voll ist?

Der CO_2-Preis steigt: Zum 1. Januar 2022 erhöht sich die CO_2-Abgabe von 25 auf 30 Euro pro Tonne CO_2. Umgerechnet auf einen Liter Benzin bedeutet das einen Aufschlag von 8,4 Cent, bei Diesel werden es 9,5 Cent mehr. Heizöl verteuert sich um 1,6 Cent pro Liter. Die CO_2-Abgabe soll Verbraucher und Industrie zum Energiesparen anregen und den Ausbau erneuerbarer Energien beschleunigen.

Der neue Minister Cem Özdemir kam als einziger mit dem Fahrrad zum Bundestag gefahren. Er forderte, dass das Fleisch aus Umweltgründen teurer werden müsse. Dann würde weniger verbraucht werden. - Hinzuzufügen wäre: „Die Cholesterinwerte sinken wegen des hohen Gehalts an gesättigten Fettsäure bei Rindfleisch besonders." Es wäre also auch gesünder.

Es änderte sich sehr viel im neuen Jahr. Zunächst Kleinigkeiten beim Auto: Höherer CO_2-Preis: Am 1. Januar 2023 erhöht sich der CO_2-Preis auf 30 Euro pro Tonne, wodurch die Kosten für den Liter Benzin um 8,4 Cent steigen. Diesel wird um 9,5 Cent teurer. Wie viel das Tanken letztendlich kostet, hängt aber auch von anderen Faktoren wie der Ölpreisentwicklung ab.

Der Verbandskasten im Auto muss jetzt zwei Mund-Nase-Schutze enthalten. Das sieht eine Verordnung der Bundesregierung vor. Wann genau sie in Kraft tritt, war noch unklar.

Am 2, 1. 2022 veröffentlichten rtr + AFP über t-online: Bundesfinanzminister Christian Lindner stellt Bürgern, Bürgerinnen und Unternehmen umfangreiche Steuerentlastungen in Aussicht. "In dieser Legislaturperiode werden wir die Menschen und den Mittelstand um deutlich mehr als 30 Milliarden Euro entlasten", sagte Lindner der "Bild am Sonntag" laut Vorabbericht. Die Entlastungen seien in seinem Haushaltsentwurf für 2023 enthalten. Beispielsweise werde man dann die Beiträge zur Rentenversicherung voll von der Steuer absetzen können und die EEG-Umlage auf den Strompreis werde abgeschafft.

Zudem kündigte Lindner ein "Corona-Steuergesetz" an. "Darin werden eine Reihe von Hilfsmaßnahmen geschaffen oder erweitert", sagte er der "BamS". So

195

sollten zum Beispiel Verluste der Jahre 2022 und 2023 mit Gewinnen aus den Vorjahren verrechnet werden können. "Niemand sollte durch Steuerschulden während der Pandemie in den Ruin getrieben werden", sagte Lindner.

„Seine Kabinettskollegen rief Lindner zu Sparsamkeit auf. Die Spielräume in 2022 seien eng. Ab 2023 solle die reguläre Schuldenbremse gelten. "Es kann also nur der Wohlstand verteilt werden, der zuvor erwirtschaftet wurde". Nach der Pandemie müsse Deutschland zurück zu soliden Staatsfinanzen. "Wir haben eine Verantwortung gegenüber der jungen Generation."

Eine Einsparung könne zum Beispiel der Neubau des 50 Millionen Euro teuren Regierungsterminals am Berliner Flughafen BER sein. Das bisherige Übergangsgebäude könne dauerhaft genutzt werden.“

Und wenn der Minister Lindner zu Steuerentlastung Geld braucht, wird immer wieder der Cum-Ex-Steuerraub genannt. Oder auch die Nicht-Versteuerung von Gewinnen in Deutschland durch Firmensitz in einem Niedrigsteuerland.

Also viele positive Zukunftsänderungen: Mehr Umwelt durch „Grün“ und endlich sparen durch „Gelb“. Außerdem will die neue Regierung den Mindestlohn auf 12 € heraufsetzen.

Das ist mindestens notwendig, denn schon am 1. 11. 2021 rechnete „Bild“ vor: „Teuer-Schock kostet jedem Deutschen 1400 Euro“. Aber dies war bei 4,5% Inflation dann pro Jahr. Bei 1.000 € Rente waren dies 45 € pro Monat. - Im Juni 2022 war man dann aber schon bei 8 % Inflation angelangt Also weniger Essen!? „Bild" machte einen anderen Vorschlag: „Schuld am Teuer-Schock trägt auch Christine Lagarde (65)" – Die Präsidentin der EZB „könnte die Inflation per Zinserhöhung stoppen. Macht sie aber nicht." Aber dann machte sie es doch. Aber, weil die USA im Juni 2022 die Zinsen erheblich erhöhten, wurde in der EU auch mit einer niedrigen Zinserhöhung begonnen. Trotzdem: 8% waren weniger als die Lohn- und Rentenerhöhungen. Das Gas und Elektro noch teurer wurden, hieß dies: Überall sparen – und das ist gut für die Umwelt.

Aber wird mit dem Grün der Ampel wirklich genug für die Umwelt getan? Darüber mehr mehr im nächsten Kapitel.

Kapitel 15:
Extremhitze wird „das Normal der Zukunft."

„Heutige Extremjahre werden das Normal der Zukunft, da sind sich Forscher einig. Das hat weitreichende Folgen." Das war zumindest die Überschrift des Berichts von dpa, aktualisiert am 9. 8. 2022 über t-online.

Da es auch hier um Reformationen des Handelns zum Überleben geht, möchte ich den wichtigen Inhalt des Berichts wiedergeben:

Bei keinem anderen Thema sind sich Klimaforscher so sicher über die künftige Tendenz wie bei Temperatur und Hitze. Beim Niederschlag spricht zwar viel für mehr Extreme. Aber die Modelle seien in diesem Punkt gerade für Zentraleuropa unsicher, sagt Jakob Zscheischler vom Helmholtz-Zentrum für Umweltforschung in Leipzig. "Bei Hitze ist klar, dass es so weitergeht wie in den letzten Jahren."

In allen Modellen werde es wärmer, in manchen gar extrem heiß. "40 Grad in Deutschland werden zur Regel", verdeutlicht Peter Hoffmann vom Potsdam-Institut für Klimafolgenforschung. "Heutige Extrem-Jahre mit 20 Hitzetagen werden Durchschnittssommer zum Ende des Jahrhunderts, wenn wir in den kommenden Jahren nicht massiv gegensteuern."

Die Projektionen der Klimamodelle für die Zukunft haben immer eine gewisse Spannbreite. In der Regel wird zwischen zwei extremen Szenarien unterschieden:

Emissionsszenario RCP8.5) und wenn die weltweiten Vorhaben konsequent umgesetzt werden (RCP2.6).

Hierzu hat ein Expertennetzwerk des Bundesverkehrs-Ministeriums unter anderem mit Fachleuten des Deutschen Wetterdienstes (DWD) konkrete Zahlen berechnet: Demnach könnte das 30-jährige Mittel der Temperatur in den Sommermonaten in Deutschland im Zeitraum 2071 bis 2100 um drei bis fünf Grad höher sein als im Vergleichszeitraum 1971 bis 2000. Dadurch würden dann Tageshöchstwerte von über 45 Grad mindestens so häufig erreicht, wie das aktuell schon für die 40-Grad-Marke der Fall ist.

Jedes Zehntelgrad zählt": Die Zahl der heißen Tage mit 30 Grad und mehr könnte diesen Daten zufolge im deutschlandweiten Mittel mit hoher Wahrscheinlichkeit in einer Spanne von 9,4 bis 23,0 pro Jahr liegen. Zum Vergleich: Von 1971 bis 2000 gab es im Mittel nur 4,6 solcher Tage im bundesweiten Durchschnitt. Die Zahl der Sommertage mit Höchsttemperaturen ab 25 Grad könnte sogar auf 39,5 bis 63,8 steigen (Vergleichszeitraum: 29,0). Bei Tropennächten, in denen das Thermometer nicht weniger als 20 Grad anzeigt, sind 0,8 bis 7,8 im Jahr möglich. Im Vergleichszeitraum 1971 bis 2000 lag der Wert bei 0,1. Die bundesweiten Durchschnittswerte bedeuten auch, dass Regionen deutlich davon abweichen können.

Laut Andreas Becker, Leiter der DWD-Abteilung Klimaüberwachung, signalisieren aktuelle Messungen deutlich, dass sich Deutschland und die Welt derzeit noch auf dem Pfad des schlechtesten Szenarios

199

bewegen (RCP8.5). Darin sind die Klimaschutzvorhaben noch nicht eingerechnet. Dennoch sei es wichtig, die anderen Szenarien zu betrachten. "Auch wenn wir heute erst anfangen mit Klimaschutz, können wir noch Einfluss nehmen", erklärt er. "Jedes Zehntelgrad zählt."

Becker betont auch den Generationenkonflikt im Klimaschutz: Für die Jahrgänge vieler heutiger Entscheider werde je nach Klimaschutzbemühungen eine Erwärmung bis zum Ende ihrer Lebenserwartung um 2050 in einem Bereich von 1,1 bis 1,4 Grad vorausgesagt (im Vergleich zu 1971 bis 2000). "Das sind 0,3 Grad Unterschied. Auch die machen schon viel aus." Bis zum Ende des Jahrhunderts könnten es je nach Klimaschutzmaßnahmen aber 1,1 bis zu 3,8 Grad mehr sein. Das hat dramatische Folgen, die teilweise noch gar nicht absehbar sind"

Damit mache der Unterschied zwischen einem gelingenden und einem scheiternden Klimaschutz für die Kinder und Kindeskinder 2,7 Grad aus. Letzterer habe "dramatische Folgen, die teilweise noch gar nicht absehbar sind", macht Becker deutlich. "Die Kosten für unsere Anpassung an einen Klimawandel dieses Ausmaßes würden bei weitem die Kosten eines jetzigen ambitionierten Klimaschutzes übersteigen und sogar grundsätzlich an Grenzen der Machbarkeit stoßen."

Bei all den Durchschnittswerten kann es regional natürlich noch deutlichere Ausschläge geben, wie Zscheischler erklärt. Auch sei die erwartete Entwicklung für die Jahreszeiten unterschiedlich. So geht eine Klimawirkungs- und Risikoanalyse des Umweltbundesamtes für Deutschland davon aus, dass der Temperaturanstieg im Herbst deutlich stärker ist als im Frühjahr.

Klimaforscher Andreas Fink vom Karlsruher Institut für Technologie arbeitet mit Kolleginnen und Kollegen im Rahmen des Verbundes "ClimXtreme" an Ansätzen für eine bessere Vorbereitung auf Extreme und zur Frage, wie man sehr extreme Hitzewellen besser projizieren kann. "Es sind dann am Ende nicht die Veränderungen der Monatsmittelwerte oder der mittleren Anzahl von Hitzetagen, sondern Hitzewellen von extremer Intensität, Dauer und Ausdehnung, welche die größten 'Schäden' anrichten werden."

Hoffmann vom Potsdam-Institut für Klimafolgenforschung geht davon aus, dass es auch künftig Hitzewellen samt Phasen leichter Abkühlung geben wird. Veränderungen der Luftströmung könnten aber dazu führen, dass sich extreme Wetterlagen für längere Zeit stabilisieren. Der Jetstream verlangsame sich und damit die Westwindzirkulation, erläutert der Experte. Das könne dazu führen, dass Luftmassen länger aus einer Richtung nach Zentraleuropa strömen. Die ersten Sommertage können dann der Beginn einer langanhaltenden Hitzewelle sein – oder der erhoffte Regen der Auslöser für Überschwemmungen.

"Dann können Hitzewellen richtig gefährlich werden", mahnt Hoffmann. "40 Grad über mehrere Tage wie im Mittelmeerraum sind für unsere gewohnten Bedingungen zu viel." In der Natur sieht man die Folgen milderer Winter, warmer Frühlinge und heißer, trockener Sommer schon. Lang anhaltende Hitzeperioden seien ebenso für die Gesundheit der Menschen eine Gefahr, warnt der Forscher. Das habe Folgen für die Produktivität: "Hitzewellen müssen nicht immer auf **Ferien** fallen."So viel über ernste Klimaerwärmungsprobleme im Bericht vom 9. 8. -

Am selben Tag war in der „Bild-Zeitung" auf Seite 1 ein Mann in einer Badehose abgebildet. Daneben stand: „ER sitzt IM RHEIN". Und darüber die Überschrift: „Wir brauchen WASSER". Auf der Seite 3 stand dann: „Wann kommt in den RHEIN wieder was REIN? Wo sonst Schiffe fahren, kann man jetzt spazieren gehen, DIE FOLGEN SIND DRAMA-TISCH:" Am nächsten Tag brachte die Tagesschau auf dem 1. Fernsehprogramm: „Frankreich erleidet den trockensten Sommer seit Beginn der Wetteraufzeichnungen. In manchen Regionen wird das Trinkwasser knapp. Die schlimmste Trockenheit, zu wenig Regen und Waldbrände." Durch verschiedene Großfeuer wurden 2022 bereits 660.000 Hektar Land mit Wald verbrannt.(Tagesschau).

Am 20. 8. 2022 schrieb dazu T-Online: Neben romantischen Schlössern säumen auch mehrere AKW die Ufer der Loire, die deren Wasser für ihre Kühltürme nutzen. Während einige Experten warnen, dass das Wasser hierfür ohnehin bald zu warm werden könnte, sorgen die Kernkraftwerke selbst für höhere Wassertemperaturen. Denn das gebrauchte Kühlwasser fließt erwärmt zurück in den Fluss. Man sieht: In allen Ländern wird zu wenig gegen die Klimaerwärmung getan. Und in Deutschland ist es, trotz Rot/Grün/Gelb, wohl auch nicht viel besser geworden, wie die Zusammenstellung vor dem 9. 8. von t-online aufzeigt:

„Während Klimaminister Habeck seit Monaten nicht müde wird, die "neue Allianz aus Klimaschutz und Energiesicherheit" zu betonen und jüngst das erste Maßnahmenpaket für den Erneuerbaren-Turbo in Gesetzesform gegossen hat, scheitert die deutsche Energiewende weiter an Papiertigern und skurrilen Regelkollisionen."

Und dann schreibt oder zitiert t-online wo sich die Maßnahmen zur Energieverringerung verringern. Und wo es völlig daneben geht.

Die Solarkraft wird zuerst mit ihren zu langsamen Fortschritten beschrieben: „Wo der Solarausbau zum erliegen kommt: Manchmal geht die Energiewende an einer Packung Eiern zugrunde. So wie auf einem norddeutschen Bauernhof, dessen Betreiber seinen freilaufenden Hühnern gerne eine Solaranlage auf die Wiese setzen würde: Glückliche Hennen und grüner Strom in unmittelbarer Nachbarschaft. Wären da nicht die Eierklassen.

Thomas Seltmann vom Bundesverband Solarwirtschaft schildert die Situation des Landwirts, der ihn nun um Hilfe gebeten hat: Stelle dieser Photovoltaikpaneele auf seine Hühnerwiese, dürfe er die Eier nicht mehr mit dem Etikett "Freilandhaltung" verkaufen. Stattdessen lebten die Hennen dann zumindest offiziell in Bodenhaltung – und ihre Eier brächten dem Bauern nur noch einen Bruchteil des Geldes.

„Schafherde unter Solarpaneelen bei Gutstetten in Bayern: In einigen Fällen funktionieren Tierhaltung und Ökostromerzeugung bereits gut nebeneinander. Bei Hühnern scheint der Fall jedoch schwieriger." (Quelle: Harry Koerber/ IMAGO.) Man könnte das für ein kurioses Spezialproblem halten. Doch um ihre großen Ziele zu erreichen, braucht die Bundesregierung jede Solaranlage auf jeder Fläche, die sie kriegen kann. Und in der Landwirtschaft gäbe es einige, die sich eigentlich eignen würden. Wären da nicht noch immer so viele bürokratische Hürden – und zu wenige Anreize.

Dabei sieht man in der Solarbranche durchaus eine positive Dynamik in den vielen Reformen, die die Ampelkoalition gerade angestoßen hat. "Es ist gut, dass die Regierung die Ausbauziele massiv hochgesetzt hat", sagt der Verbandsvorsitzende Seltmann zu t-online.

30 Prozent des gesamten Strombedarfs sollen schon 2030 aus Solarenergie gedeckt werden. Das bedeute eine Vervierfachung des Ausbaus in den nächsten acht Jahren. Das Problem: "Es fehlen noch immer die Instrumente, um diese sehr ehrgeizigen Ziele zu erreichen."

Doch während Klimaminister Habeck seit Monaten nicht müde wird, die "neue Allianz aus Klimaschutz und Energiesicherheit" zu betonen und jüngst das erste Maßnahmenpaket für den Erneuerbaren-Turbo in Gesetzesform gegossen hat, scheitert die deutsche Energiewende weiter an Papiertigern und skurrilen Regelkollisionen. t-online gibt den Überblick – und erklärt, wo Deutschland steht bei der Solarkraft, bei Windenergie, bei erneuerbarer Wärme und Wasserstoff.

Wo der Solarausbau zum Erliegen kommt:
Manchmal geht die Energiewende an einer Packung Eiern zugrunde, wie zuvor schon von dem Bauernhof von Thomas Seltmann berichtet.

Man könnte das für ein kurioses Spezialproblem halten. Doch um ihre großen Ziele zu erreichen, braucht die Bundesregierung jede Solaranlage auf jeder Fläche, die sie kriegen kann. Und in der Landwirtschaft gäbe es einige, die sich eigentlich eignen würden. Wären da nicht noch immer so viele bürokratische Hürden – und zu wenige Anreize.

Dabei sieht man in der Solarbranche durchaus eine positive Dynamik in den vielen Reformen, die die Ampelkoalition gerade angestoßen hat. "Es ist gut, dass die Regierung die Ausbauziele massiv hochgesetzt hat", sagt der Verbandsvorsitzende Seltmann zu t-online.

Das Problem: Jede Installation kommt mit eigenen Tücken. Die Schwierigkeiten beim Ausbau variieren dabei je nachdem, um welche Art von Anlagen es geht. "Bei den Freiflächenanlagen werden die nutzbaren Flächen noch immer unnötig eingeschränkt und dadurch verknappt", sagt Seltmann. Der Landwirt mit seinen Hühnern sei ein gutes Beispiel.

Das einst als "Osterpaket" bezeichnete Maßnah-menbündel zum schnelleren Ausbau der Erneuerbaren habe zwar Verbesserungen gebracht. Aber ob das ausreicht, um genug von diesen wichtigen, weil leistungsstarken Anlagen zu bauen – da zweifeln die Experten beim Solarverband.

Ähnlich sieht es bei den Anlagen aus, die sich eine wachsende Zahl an Unternehmen auf ihre Fabrikhallen bauen lassen wollen. Dort ist der Ausbau in den vergangenen Jahren regelrecht eingebrochen. Vor allem, weil es sich für die Firmen finanziell nicht lohnte – die Vergütung war viel zu gering.

Dabei könnten sie mit den großen Flächen einen wesentlichen Beitrag zum Erreichen der Ziele leisten. Die Förderkonditionen sind nun mit dem "Oster-Paket" zwar verbessert worden. Zugleich steigen aber auch die Kosten für Material und Kapital. Seltmann sagte deshalb: "Bei den mittleren und größeren gewerblichen Anlagen reichen die Vergütungssätze weiterhin nicht aus, um den Ausbau ausreichend zu beschleunigen."

Einen Boom hingegen gab es zuletzt bei den privaten Solardächern, die jedoch weniger Strom erzeugen als große Anlagen. Der Andrang führte zum Teil zu langen Wartezeiten – hinzu kommt einmal mehr die Büro-kratie.

Ein Neubau bekommt Solarkollektoren aufs Dach: In einigen Bundesländern, darunter NRW und Niedersachsen, ist die Solarpflicht für Privathäuser bereits beschlossene Sache. (Quelle: IMAGO/Rolf Poss)

Jeder der knapp 900 Netzbetreiber in Deutschland konnte bisher unterschiedliche Informationen zur Anmeldung verlangen – und nimmt diese teils nur via E-Mail, mitunter ausschließlich per Fax oder in einigen Fällen sogar nur per Brief an. Ein Regelwust sondergleichen.

Die Reformen der Ampelkoalition schreiben vor, dass dieser Prozess nun standardisiert und digitalisiert werden muss. Allerdings erst im Laufe des Jahres 2025. Trotz weiterer Verbesserungen sagt Seltmann, der mit dem Bundesverband die Interessen der Solarwirtschaft vertritt, deshalb: "Bei kleineren Privatanlagen ist die Bürokratie noch immer das größte Problem."

Und dann kommt: Wieso es bei der Windkraft hakt:
„In kaum einem Bereich zeigen sich Deutschlands Ehrgeiz und Probleme so deutlich wie bei der Windenergie – ohne deren rasanten Ausbau die Energiewende nicht zu stemmen sein wird.

Robert Habeck hatte in den ersten Monaten als Minister für Wirtschaft und Klimaschutz viele Hebel in Bewegung gesetzt. "Der Ausbau der Windenergie ist inzwischen eine Frage der nationalen Sicherheit", hieß es in Ministeriumskreisen. Windräder bei Barnim, Brandenburg: Erstmals gibt es dank des Osterpakets nun eine gesetzliche Pflicht, in jedem Bundesland mindestens zwei Prozent der Fläche für Windenergie bereitzustellen. (Quelle: IMAGO/ Jürgen Ritter).

Habeck hat verfügte, dass bundesweit zwei Prozent der Flächen für Windkraftanlagen zur Verfügung stehen

207

sollen. Das ist deutlich mehr als eine Verdopplung der derzeit genutzten Flächen und das erste Mal überhaupt, dass eine Bundesregierung den Bundesländern solche klaren Vorgaben macht. In der Windbranche spricht man von einem "bahnbrechenden Gesetz". Solche Hoffnungsschimmer hat die Branche bitter nötig. Einst weltweit führend, ist sie in den letzten Jahren weit zurückgefallen. Der Ausbau daheim ist zuletzt fast zum Erliegen gekommen, die Branche ist zunehmend abhängig von China und rutscht immer weiter in die wirtschaftliche Schieflage."

Also, so würde ich hinzusetzen: Mehr Solarenergie mit weniger Bürokratie und mehr Windenergie mit Verdoppelung der vorhandenen Windräder. Aber in den meisten Ländern sieht es nicht besser, sondern eher noch schlechter mit dem Anteil der Erneuerbaren – und der Eindämmung der Klimaerwärmung aus. - Wie sollen dann unsere Kindeskinder noch überleben?

Deshalb protestieren auch immer wieder Hunderte und Tausende gegen die Klimaerwärmung. Beispielsweise hieß die Überschrift im „Hamburger Abendblatt" am 12. 8. 2022: „Klimacamp: Hier zu sein gibt mir Hoffnung. Mehr als 1.500 Aktivisten kämpfen am Volkspark für Klimagerechtigkeit." In der Woche vom 9. bis 15. August kamen Menschen aus Deutschland, Europa und dem Süden zusammen. Bis zum Wochenende wurden bis zu 6.000 erwartet um sich auszutauschen und für Klimagerechtigkeit einzusetzen. Bei der Organisation war auch Fridays For Future dabei. Und die Klimaaktivistin Lucie (19) wird zitiert mit: „Mir persönlich hilft die Gemeinschaft, um mit meiner Trauer, meiner Angst und der Frustration über die aktuelle Lage umzugehen." Am Wochenende kamen dann viele, auch gewaltbereite, zusammen. Das internationale Bündnis „**Extinction Rebellion**", die Rebellion gegen das Aussterben, behinderte dabei wieder den Verkehr.

Am 21. 8. 2022 berichtete Carl Landow Deronaux auf t-online: Die neue Bundesregierung will zumindest einige der Probleme beseitigen und den Windkraft-Ausbau beschleunigen... Sie stellte das "Osterpaket" vor, ein Bündel an Gesetzen, das seit Anfang Juli auch von den Ampel-Fraktionen beschlossen ist. Wirtschaftsminister Robert Habeck (Grüne) erklärt es so: "Die erneuerbaren Energien bekommen jetzt in der Abwägung zu anderen Schutzgütern einen Vorrang." Für die Beziehungen zwischen Natur- und Klimaschutz sind vor allem zwei Änderungen wichtig: das "Wind-an-Land-Gesetz und eine Anpassung des Bundesnaturschutzgesetzes..".

Das Wind-an-Land-Gesetz soll die Flächenproblematik lösen: Zwei Prozent Deutschlands sollen für Windkraft freigemacht werden, so schreibt es das Gesetz vor. Die Länder müssen jetzt in Etappenzielen genügend Flächen finden. Dabei dürfen sie zwar nach wie vor Mindestabstandsregeln erlassen. Liefern müssen sie aber trotzdem.

Die Änderungen im Naturschutz sehen eine Vereinheitlichung bei Genehmigungsverfahren für Windkraftanlagen vor: Es soll bundesweite Standards den Artenschutz betreffend geben. Außerdem wird ein neuer Paragraph eingeführt, der es erlaubt, "Landschaftsschutzgebiete in angemessenem Umfang" in die Suche nach neuen Flächen mit einzubeziehen.

Das verbindliche Flächenziel begrüßen sowohl der Nabu als auch der BUND gegenüber t-online. Diese Forderung vertreten die Verbände zum Teil schon seit Jahren. Gänzlich zufrieden ist man mit dem Osterpaket aber nicht: Es brauche noch mehr Klarheit darüber, wie die zwei Prozent in den Bundesländern zugeteilt werden sollen. Die Fläche soll nämlich nur stückchenweise ausgewiesen werden. "Das ist alles noch ein bisschen mit angezogener Handbremse von der Bundesregierung", sagt Caroline Gebauer vom BUND. So gebe es immer noch zu wenig Rechtssicherheit.

Eine Nabu-Sprecherin kritisiert gegenüber t-online vor allem, dass die Liste der Vögel im Naturschutzgesetz, die nun als kollisionsgefährdet gelten, abschließend ist. Nur Vögel, die darauf stehen, hätten bei Genehmigungsverfahren in Zukunft ein Anrecht auf Überprüfung. Beim Nabu erkennt man darin auch eine mögliche Kollision mit EU-Recht.

Größer als bei den Verbänden ist die Empörung teilweise in der **Politik**. Mancherorts brodelt es gar bei den Grünen selbst: Ausgerechnet der Grünen-Vorsitzende in Robert Habecks Wahlkreis ist aus Protest gegen das Osterpaket zurückgetreten. Die neuen Gesetze seien für ihn unerträglich. Er sagt: "Ich möchte nicht, dass der politische Arm der Naturschutzbewegung verkümmert."

Auch in Ferdinandshof (bei der dortigen Protestgruppe zu Gunsten der Tiere) kommt das Osterpaket gar nicht gut an. Er habe damit "ganz massiv ein Problem", sagte Jens Funk. Vieles stünde jetzt in den Sternen: Alle Windeignungsgebiete, die bereits aus naturschutz- rechtlichen Gründen gestrichen wurden, seien jetzt wieder auf der Tagesordnung, meint er. Vor allem aber sei nicht sicher, inwieweit die Genehmigungsverfahren noch weiter vereinfacht würden und ob es dann überhaupt noch eine öffentliche Beteiligung gebe.

Jens Funk möchte sich nicht wie ein Klimawandel- leugner verstanden wissen. Er verstehe die Diskussion darüber, wie es in diesem Land energetisch weitergeht. "Aber wir sind auch in der verdammten Pflicht, unsere Natur und Umwelt zu erhalten."

Auch deshalb gibt man sich kämpferisch in Ferdinandshof: Die Mahnwachen würden fortgesetzt. "Wir werden auch sporadisch die B109 sperren", sagte Jens Funk. Das hätten sie schon ein paar Mal gemacht. Dann würden Flyer in die Autos gesteckt, um auf sich aufmerksam zu machen. Die Initiative stehe den Aussagen Funks zufolge auch im engen Kontakt zum Nabu-Landesverband in Mecklenburg-Vorpommern und der Wildtier-Stiftung.

Es geht um das Überleben in der Zukunft. Vieles muß sich ändern! Wie in Norwegen, das der deutsche Bundeskanzler am 15. 8 2022 besuchte. Von dort könnte sogar Gas und Strom nach Deutschland geliefert werden, denn dort wird mit Wind- und Sonnenenergie plus Erdgas eben viel mehr produziert, als dieses Land verbraucht. Darum wird die Norwegische Krone im Vergleich zum Euro auch nicht weniger sondern mehr wert.

Und ein Sprecher der EU-Kommission sagte: „Die Dürre 2022 scheint die schlimmste seit 500 Jahren zu sein (Bild am 24. 8. 2022). Das 1. Deutsche Fernsehprogramm ARD setzte am Montag, dem 29. 8. 2022 den beliebten Film „Donna Leon" aus Venedig kurzfristig ab und brachte stattdessen: „Die große Dürre." Bundesweit wurden einem Forscherteam über 1100 Gewässer gemeldet, die allmählich verschwinden.

Am 30. 8. 2022 brachte t-Online von afp: Wenn sich die starke Schmelze aus dem Jahr 2012 jedes Jahr wiederholen würde, könnte der Meeresspiegel der Studie zufolge um 78 Zentimeter ansteigen – genug, um weite Teile niedrig gelegener Küstengebiete zu schlucken und ihre Bewohner heimatlos zu machen.

Doch in Wirklichkeit wird dann etwas später der Meeresspiegel noch viel mehr steigen. Schmilzt z. B. der Thwaites-Gletscher weiter, drohen verheerende Folgen für den Meeresspiegel. Forscher beobachten nun einen dramatischen Rückzug. (Über den auch in der Zeitung: Der Reinbeker später aus Angst vor der Zukunft berichtet wird.)

Der antarktische Thwaites-Gletscher schmilzt deutlich schneller, als bisher angenommen. Wegen der Erderwärmung hat das Eisschild einer neuen Studie zufolge das Potenzial, sich in den kommenden Jahren rasant zurückzuziehen, berichtet der US-Fernsehsender

"CNN". Der Gletscher wird auch als "Weltuntergangsgletscher" bezeichnet – wegen der drastischen Folgen, die sein Zusammenbruch für den globalen Meeresspiegel hätte.

"Der Thwaites hält sich heute wirklich mit den Fingernägeln fest", sagte Robert Larter, Co-Autor der Studie, in einer Mitteilung. Der Gletscher habe sich irgendwann in den vergangenen zwei Jahrhunderten vom Meeresboden gelöst. Seitdem schmelze das Eis von unten und ziehe sich mit einer Geschwindigkeit von 2,1 Kilometern pro Jahr zurück. Das ist doppelt so schnell wie die bisher von Forschern beobachtete Geschwindigkeit.

"Große Veränderungen in kleinen Zeiträumen":
Die Meeresbiologen haben den historischen Rückzug des Gletschers kartiert, um besser vorhersagen zu können, wie sich das Eisschild in den kommenden Jahren entwickelt. "Wir sollten erwarten, dass wir in Zukunft große Veränderungen in kleinen Zeiträumen sehen werden – sogar von einem Jahr zum nächsten – sobald sich der Gletscher über einen flachen Grat in seinem Bett zurückzieht", schreibt Larter. Das Abtauen des Gletschers könnte sich somit noch beschleunigen.

Ein voranschreitender Rückzug des Thwaites-Gletschers könnte den Meeresspiegel um mehrere Meter anheben. Das Eisschild in der Westantarktis ist einer der breitesten Gletscher der Erde und mehr als doppelt so groß wie Österreich Die Region wird aufgrund der Klimakrise und der damit einhergehenden Eisschmelze von Forschern genau beobachtet.

Auch in Deutschland schmelzen die Gletscher weiter. Das Eis des Blaueisgletschers, des Schneeferners auf der Zugspitze sowie des Höllentalferners ist in diesem Jahr erneut deutlich zurückgegangen. Am schlechtesten nachzuvollziehen ist der Schwund am Watzmanngletscher in den Berchtesgadener Alpen. "Wir tun uns beim Watzmanngletscher schwer, die Fläche zu bestimmen", sagte Christoph Mayer, Glaziologe an der Bayerischen Akademie der Wissenschaften.

Zum einen liege er in einer Mulde und sei damit relativ dick, so dass der Verlust an der Oberfläche weniger auffalle. Zum anderen sei er in Teilen von einer Schuttschicht bedeckt, die eine Bestimmung der Größe erschwere – ihn aber teilweise vor weiterem Abschmelzen bewahre, erklärte Mayer. Zuletzt sei der Gletscher noch rund fünf Hektar groß gewesen.

Am 23. 1. 2023 fasste Hartmuth Sandtner in seiner örtlichen Wochenzeitung **der Reinbeker** einmal viele Argumente Zur Klimaerwärmung unter der Überschrift **„Sie wissen das alles"** zusammen. - Sie wissen alles, aber sie handeln nicht, ihr Leben zu retten. Das ist wie bei den Kriegen. Wer bringt wen zuerst um?

„Die Fakten sind seit Jahren in der Presse und in Büchern präsent, sie klingen unglaublich und sehen auf Bildern auch so aus. Klimawissenschaftler Bill McGuire wird im ZEIT-Beitrag »Was hilft gegen Klimaangst?« von Fritz Habekuß/Maximilian Probst vom 13.1.2023 ganz konkret: »Wenn wir wollen, dass sich ganze Bevölkerungsgruppen erheben und ernsthafte Maßnahmen fordern – was wir brauchen, und zwar bald –, dann müssen wir alle Angst haben, wirklich Angst und nicht nur leichte Besorgnis.« Im Beitrag von Elia Blülle über »einen Journalismus, der in der Klimakrise einen Unterschied macht« am 10.1.2023 im Internet-Magazin republikanisch, lesen wir: In Indien fielen im Jahr 2022 wegen der enormen Sommerhitze, Vögel tot vom Himmel. In der Schweiz wurden manche Flüsse und Bäche so warm, dass einige Kantone ganze Gewässer notfallmäßig abfischten, um die Tiere zu retten. Und wegen Schneemangels mussten zahlreiche Skigebiete bereits ihre Pisten schließen. Abgesehen davon, dass das vielerorts das Ende für den Wintertourismus bedeutet, sind damit extreme Dürren im kommenden Sommer wahrscheinlich.

Andererseits verwandelten Fluten in Pakistan ganze Dörfer in Seen und Flüsse. Ein Drittel des Landes stand unter Wasser. 33 Millionen Menschen mussten ihr Zuhause verlassen. Elia Blülle: »Das ist nicht einfach die neue Normalität, sondern erst die Startrampe.« Dazu gehört, dass etwa die Hälfte der Tiere, die einst ihren Lebensraum mit den Menschen teilten, bereits verschwunden sind. Über 42.000 Arten sind vom Aussterben bedroht – ein Viertel aller registrierten Tierarten.

Unter der Überschrift »Die Zukunft der Menschheit« berichteten Christof Gertsch und Mikael Krogerus in einem dreiseitigen Beitrag in der Süddeutschen vom 7.1.23 über den Thwaites Gletscher (ich nannte ihn schon zuvor) in der Westantarktis und eine damit zusammenhängende »furchteinflößende Prophezeiung« aus dem Jahre 1968, wo John Mercer, ein Geograf aus England, schon damals vermutete: »Die Westantarktis könnte schon sehr bald schmelzen und einen Anstieg

215

des weltweiten Meeresspiegels von bis zu sechs Metern verursachen.« Niemand glaubte ihm, auch nicht, als er 1978 den menschengemachten Treibhauseffekt dafür verantwort-lich machte. Gertsch und Krogerus: »Heute wissen wir, dass in der Antarktis tatsächlich ein einziger Gletscher [allerdings von der Größe Großbritanniens] den Anstieg des Meeresspiegels in den nächsten Jahrzehnten bestimmen wird. Er wird die Art verändern, wie – und vor allem wo – wir in Zukunft leben.« Seit dem Jahr 2014 weiß man, dass der Thwaites-Gletscher tatsächlich am Kollabieren ist. Stoppen kann man den Vorgang nicht. »Seither lautet die Frage nicht mehr, ob die Westantarktis schmilzt. Sondern »How much, how fast?«

Alle Wissenschaftler, mit denen wir über den Thwaites-Gletscher sprechen, sagen irgendwann diesen Satz. Es ist auch die Leitfrage der größten und teuersten Forschungsexpedition, die je in die Antarktis unter-nommen wurde. Zweihundert Mitarbeitende, sechzig Millionen Dollar, neun verschiedene Projekte: Das ist die ITGC, die International Thwaites Glacier Collaboration.«

Auf die Frage der beiden Autoren, warum das Wasser vor dem Gletscher wärmer wird, gibt die Ozeanografin und Antarktis-Veteranin Julia Wellner von der University of Houston eine sehr differenzierte Antwort: Das ist »auf regionale Erwärmungen im Meerwasser zurückzuführen. Die auf größere Veränderungen im Wind- und Sturmmuster in der südlichen Hemisphäre zurückzuführen sind. Die wiederum von der menschengemachten Klimaveränderung ausgelöst wurden.« Alles hängt eben mit Allem zusammen.

216

Macht der Thwaites den Weg frei für das Eis der Westantarktis, bedeutet das einen Meeresspiegelanstieg von über 3 Metern. »Die mittelfristigen Konsequenzen«, so Gertsch und Krogerus, sind »Sturmfluten, Überschwemmungen – und Völkerwanderungen.« Und sie berichten vom Glaziologiekongress in Davos. Dort »hören wir Helene Hewitt, eine der Hauptautorinnen des jüngsten Klimaberichts, sagen, dass der Meeresspiegel bis 2300 im schlimmsten Fall bis zu 16 Meter ansteigen könnte.«

»Wir bewegen uns auf eine menschenfeindliche Wirklichkeit zu«, so Elia Blülle in der Republik.ch, »die nicht ideologisch oder abergläubisch konstruiert, sondern rechnerisch vorhersehbar ist. Das gab es in der Geschichte noch nie.« Und er erinnert an die Philosophin Hannah Arendt. Sie »sah in der Handlung die einzigartige Eigenschaft menschlichen Daseins.«

»Unser Planet nähert sich Kipppunkten, die das Klimachaos unumkehrbar machen werden. Was ist zu tun?«, fragt Elia Blülle. »Wir befinden uns im Kampf unseres Lebens, und wir verlieren«, sagte Uno-Chef António Guterres auf der vergangenen Weltklimakonferenz in Ägypten. Fossile Brennstoffe als Hauptursache für die Krise müssen im Boden bleiben. RWE-Chef Markus Krebber – wie in der Süddeutschen vom 14.1.23 zu lesen war, »ein enger Berater der Bundesregierung« und in »stetem Austausch mit Bundeswirtschaftsminister Robert Habeck« – verkennt die Symbolkraft von Lützerath und verrät damit Guterres' »Kampf unseres Lebens«.

Wir brauchen einen Blick auf die »neue Realität«, sagt Transformationsforscherin und Mitbegründerin von

Scientists4Future Maja Göpel in ihrem Buch „Unsere Welt neu denken". Und sie zeigt: »Weiterzumachen wie bisher, ist keine Option.« Wir müssen raus aus der »Box, in der wir uns befinden, wenn wir im Alltag denken und handeln.«" **So viel stand allein schon in „Der Reinbeker". Alle müssten es also bald wissen und nicht gegen die „Letzte Generation" kämpfen.**

Aber damit nicht genug zum Klima: Zum ersten Mal fand der Weltkirchenrat mit 4.500 Teilnehmern ab 31. 8. 2022 in Deutschland, in Karlsruhe statt. Das Hauptthema ist der Klimawandel. „Wenn wir unser Verhalten nicht ändern, wird unser Planet in 50 Jahren unbewohnbar sein, warnte Priester Sauca." (17. 8. 2022 in Bild). Also sind die angeblichen „Klima Spinner" vor allem Warner, weil nicht genug zum Erhalt des Klimas getan wird. - Doch mehr darüber im nächsten Kapitel, denn die Menschen wollen nicht die „LETZTE GENERATION" sein.

———————

Kapitel 16
Sie wollen nicht die „letzte Generation" sein.

Am 5. 12. 2022 schrieb t-online: „Am Montagmorgen hatten sich bereits 9 Personen am Stachus festgeklebt. Das bestätigt die Polizei München auf Nachfrage." Wie bereits am Freitag von den Aktivisten der „Letzten Generation" angekündigt, setzten sich die Demonstranten um 8 Uhr auf die Straße und blockierten den Verkehr (der ja bekanntlich nicht umweltfreundlich ist). Nach Polizeiangaben hatte sich ein Teil der Personen auf der Straße festgeklebt.

„Die Ankündigung ist Teil einer neuen Taktik der Aktivisten – zuvor fanden die Blockaden stets unangemeldet statt. Nun waren die Einsatzkräfte deshalb bereits bei Beginn der Blockade vor Ort. Am Mittwoch zuvor hatte das Amtsgericht in München bereits drei Aktivisten der ‚Letzten Generation' wegen der Nichtanmeldung zu einer Geldstrafe verurteilt. Obwohl die Klebeaktionen den Straftatbestand einer Nötigung erfüllen können, sei es dennoch nicht möglich, die Protestform pauschal zu unterbinden."

Aktivisten der „Letzten Generation" und Polizisten am Stachus in München: „Eine Straßenblockade, die zuvor angekündigt war, Grund sei das Versammlungsrecht. Spontanversammlungen, wie jene der „Letzten Generation" aktuell, seien jedenfalls grundsätzlich erlaubt, auch wenn sie den Behörden zuvor nicht angezeigt worden waren. Noch nicht geklärt ist, weshalb die Polizei bei dem Vorfall auf der Autobahn hingegen sofort eingegriffen hat."

24. 8. 2033 hieß es in der Zeitung „Bild": ‚Die Teilnehmer der Vereinigung „Letzte Generation" hatten sich an das berühmte Gemälde von Raffael „Sixtinische Madonna" festgeklebt. Und im Jahr davor hungerten 2 Mitglieder der „Letzten Generation" wochenlang vor dem Berliner Reichstagsgebäude im Überlebenskampf'.

Die häufigen Zeitungsberichte über die Mitglieder und Teilnehmer an den Aktionen der Protestgemeinschaft „NEUE GENERATION" zeigen, dass es sich um jüngere und auch klügere Menschen handelt, die einfach nur fordern, dass mehr gegen die Klimaerwärmung geschieht, denn sonst sind sie tatsächlich die „Letzte Generation".

Dazu noch weitere Beispiele:
„Vom SERIEN-STAR zum SERIEN-KLEBER, TV-Kariere von Raul Semmler ist vorbei. Droht ihm schon bald der Knast?" Und dazu werden dann Beispiele seiner Schauspieler-Tätigkeit gezeigt: Wie in" Polizeiruf 110", oder in „Sommernacht-Träumereien", oder in „Soko-Leipzig" (In Bild 3. 12. 2022). Mehr als 100 Mal klebte er sich bereits mit auf den Asphalt….Das einstige TV-Gesicht war dabei, als die Chaoten im Mai eine Ölpipeline nahe Rostock zuge- dreht hatten.

Man sieht: Die Presse ist noch nicht auf Seiten der „LETZTEN GENERATION". Dafür aber hieß es: „Als ANWALT: Gysi hilft jetzt Klima-Klebern" („Bild" am 1. 12. 2022.)

.

Doch weitere Meldungen (Bild am 7. 12. 2022: „Hirn verklebt? Klima Chaotin setzt sich auf Autobahn." So die Meldung mit Fotos aus München. „Die Extremistin sitzt auf der mittleren Fahrspur." Sie hat 2 Kinder 9 und 12, heißt es. - Sie will wohl nicht die „LETZTE GENERATION" sein, sondern auch für ihre Kinder soll das Leben noch lebenswert seit. - Allerdings ist das Leben für viele heute lebenswert, wenn sie mit großem Mercedes 180 km/Std. Fahren. Und das muss eben auch geändert sein.

Eine andere Meldung lautete: 28. 11. 2022 (Bild): „Die Demonstranten kleben am Dirigentenpult fest, halten eine flammende Rede für den Klimaschutz." Das war in der Hamburger Elbphilharmonie vor einem großen Klassik-Konzert. Von dort hieß es: „Wir verstehen aber auch die von jungen Protestierenden friedlich zum Ausdruck gebrachte Sorge um unsere natürlichen Lebensgrundlagen" – Oder:

„Klima Radikale legen Hauptstadt Flughafen lahm" (Bild 23. 11. 2022). „In Warnwesten gingen sie seelenruhig über das Rollfeld...Der Flugverkehr musste komplett eingestellt werden…" - Und: „Auch in Leipzig griff die Polizei durch:..Sie hatten sich an Rafaels Sixtinischer Madonna im Dresdner Zwinger festgeklebt." Und so geht es weiter:

Am 14. 11. 2022 hieß es dann in „Bild": „Klima-Radikale sitzen MIT WINDELN auf der Straße." Das war in Berlin, als die Klima-Aktivisten einen Klebekursus machten.

Am 11. 11. 2022 schrieb „Bild": „Machten es sich vorgestern auf dem Brandenburger bequem: Zwei Klima-Radikale von die „Letzte Generation". „Freispruch! Milde Urteile! Keine Prozesse!" - Daneben stand aber auch: „Illegale Migration steigt um 63 %!" - Frage: Wie soll das Klima noch gehalten werden, wenn „alles drunter und drüber geht?

Am 12. 11. 2022 dann fast eine Bild-Seite voll mit: „Der nächste Schmierjam-Skandal" Aber die Frau Schmierjam verteidigte hier als Anwältin den 59 Jahre alten Biologen Michael Winter aus Bayern.

Am 9. 11. 2022 stand dann in „Bild": „Fridays For Future": „Klimaaktivisten wollen Bilder zerstören." Das war aber in Potsdam – und nicht die „Letzte Generation."

Am 7. 11. 2022 füllte „Bild" fast eine Seite mit: „Diese US-Milliardäre finanzieren die Klima-Radikalos: Aleen Getty, Abigail Disney, Rory Kennedy und Adam McKey werden genannt. - Sie sehen also auch die Erde in größter Gefahr, genau wie die www.letzte-generation.de . - Von dort werden „auf Wunsch" auch Vorträge über die Klimaveränderung gehalten. Es ist eine wichtige Gruppierung, die eben nicht die „LETZTE GENERATION" sein will und auch deshalb die Freizeit opfert, die andere z. B. mit dem Flugzeug auf eine entfernte Insel im Atlantik fliegen, um dort in einem Hotel mit 500 Zimmern, von denen nur 100 belegt sind, Urlaub – auch z. T. als Home-Office - zu machen

222

Ende 2022 und Anfang 2023 waren alle Zeitungen und die Tagesschau dann gefüllt mit dem Abriss des Dorfes Lützerath, um darunter Braunkohle abzubauen, weil die „Letzte Generation" dagegen mit aller Macht demonstrierte.

Und warum machten sie das? Der Anteil der Kohleverbrennung an den CO_2-Emissionen des Stromsektors ist doppelt so hoch wie ihr Anteil an der Stromerzeugung, also beinahe 80 Prozent. Allein die Braunkohlekraftwerke stoßen in Deutschland drei Mal so viel CO_2 aus wie der gesamte Verkehrssektor. Kohle ist also umweltschädlich. - Und noch schlimmer ist es, wenn dafür ein ganzer Ort abgebrochen wird.

Am 16. 1. 2023 war dann eine ganze Bildseite gefüllt mit „Der grüne GRABENKAMPF – Wie sich die Öko-Partei in Lützerath selbst zerlegt." Dazu war Greta Thunberg abgebildet mit einem Schild „Klimaschutz ist Handarbeit" – und Greta Thunberg nennt Grüne „heuchlerisch".

Aber genauso könnte demonstriert werden, wenn Wälder abgeholzt werden. Deshalb passiert dies in Europa auch kaum noch. Aber besonders Brasilien ist hierfür bekannt. Bei der Fotosynthese entziehen die grünen Pflanzen der Luft Kohlenstoffdioxid (CO_3), das hauptverantwortlich für die derzeit beobachtete globale Erwärmung ist, und setzen dafür Sauerstoff (O_2) frei. Der Wald bindet den Kohlenstoff in seiner Biomasse. Insgesamt sind weltweit etwa 862 Mrd. Tonnen Kohlenstoff in Wäldern gebunden, der sich sowohl in der Vegetation selbst als auch in den Böden befindet.

Durch den Anstieg der CO_2-Teilchen in der Atmosphäre kann immer weniger der von der Erde abgestrahlten Wärme ins Weltall entweichen. Die Konsequenzen: Das Erdklima erwärmt sich, die Polkappen und Gletscher schmelzen ab und der Wasserspiegel der Ozeane erhöht sich. Die Klimaveränderungen führen wahrscheinlich außerdem zur Zunahme extremer Wetterphänomene, wie Hitzewellen oder Dürren. Die Abholzung der Regenwälder und die langsame Erwärmung der Ozeane führen außerdem dazu, dass noch weniger CO_2 aus der Atmosphäre gebunden werden kann.

Die langsame Erwärmung der Erdtemperatur hat große Auswirkungen auf die Lebensbedingungen von Mensch, Tier und Pflanzenwelt. Gerade in den äquatornahen und oft zu den Entwicklungsländern gehörenden Gebieten sorgen Dürren oder Überschwemmungen für den Ausfall lebenswichtiger Ernten. Andernorts sind durch den Anstieg des Meeresspiegels ganze Inselstaaten vom Untergang bedroht.

Aber warum ist fast immer nur von der CO_2 die Rede? Kohlenstoffdioxid oder Kohlendioxid (oder eben kurz CO_2) ist das wichtigste und bekannteste Treibhausgas. Es ist allerdings nicht das einzige. Zum Beispiel sind auch Methan (CH4), Lachgas (N2O) oder F-Gase (fluorierte Treibhausgase) bedeutende Treibhausgase. Alle haben jedoch eine unterschiedliche Klimaschädlichkeit oder Klimawirksamkeit. Um diese Wirkung vergleichen zu können, werden alle

224

Treibhausgase in CO_2-Äquivalente (CO_2eq oder auch CO_2e) umgerechnet.

Der Anteil der Kohleverbrennung an den CO_2-Emissionen des Stromsektors ist doppelt so hoch wie ihr Anteil an der Stromerzeugung, also beinahe 80 Prozent. Allein die Braunkohlekraftwerke stoßen in Deutschland drei Mal so viel CO_2 aus wie der gesamte Verkehrssektor. -

Und darum ist auch der Einsatz der Umweltbewegung „Letzte Generation" gegen den Abriss des Ortes Lützerath zur Förderung darunter liegender Braunkohle wohl mehr als berechtigt.

Am 4. 2. 2023 schrieb t-online: Die Frankfurter Sozialpsychologin Maria-Christina Nimmerfroh wollte mehr über die Gruppe erfahren, wie sie ihre Mitglieder motivieren, wie sie Aktive an ihre Ziele binden und wie die Einflussnahme auf die Gesellschaft funktioniert. Nimmerfroh ist Mitglied in der FDP und kandidierte letztes Jahr als Bürgermeisterin in Griesheim bei Darmstadt. Sie wurde auch von den Grünen unterstützt. t-online sagt sie, dass ihre Mitgliedschaft keinen Einfluss auf ihre Analyse der "Letzten Generation" gehabt habe. "Ich war in der Politik immer nur ehrenamtlich tätig, also in meiner Freizeit. Meine Analysen und mein Interesse für Social Moments sind und waren nur rein beruflich."

Sie hatte sich mit einer falschen Identität zu einem Online-Seminar der Klimaaktivisten eingeschleust. Ganze fünf Stunden dauerte der Workshop.

Nimmerfroh erhielt Zugang zu internen Dokumenten: Kampagnen- und Trainingsmaterialien, Train-the-Trainer-Ausbildung, circa 250 Seiten Text und 20 Stunden Videomaterial.

Die Auswertung von Nimmerfroh zeigt eine Gruppe, die straff und professionell organisiert ist. Und sie sagt: "Sie brauchen Menschen, um Straftaten zu begehen." Die "Letzte Generation" überlasse nichts dem Zufall, so Nimmerfrohs Fazit. Uhrzeiten und Straßenkreuzungen, die sie blockieren möchten, werden vorab bestimmt. Werbematerial wird nur in Stadtteilen in Großstädten wie Frankfurt verteilt, wenn dort eine große Wählerschaft von Grünen und Linken wohnt. Zudem werden nur Aktionen durchgeführt, die maximale mediale Aufmerksamkeit erlangen.

Nimmerfroh beschäftigt sich schon recht lange mit sozialen Bewegungen. So sprach sie ausführlich mit Funktionsträgern und Aktiven bei den "Fridays for Future", ebenso mit Aktiven einer Antifa-Gruppe in Frankfurt. Nur bei der "Letzten Generation" musste sie sich einschleusen, weil sie aus den öffentlich zugänglichen Informationen zu wenig für ihre Analysen ziehen konnte – und nur die "Letzte Generation" arbeitet so hierarchisch.

Wie hierarchisch die Gruppe offenbar vorgeht, das zeigen Auszüge aus einem Skript. Es stammt aus einer Fortbildung für Trainer, das nur an den inneren Zirkel weitergegeben wird. Das Skript liegt t-online vor. Darin sind klare Anweisungen vorgegeben. So sollen neue Aktive etwa mindestens einmal eine Straße blockieren und die Konsequenzen dafür selbst tragen. Konsequenzen seien Strafen wegen Nötigung, Widerstand gegen Vollstreckungsbeamte und ein Bußgeld. Nimmerfroh wirft der "Letzten Generation" vor, Haftstrafen zu verniedlichen.

Und wenn die „letzte Generation" oft Autobahnen und Hauptstraßen kurz absperrt, dann sind die schnellen Autofahrer im Mercedes oder BMW oft besonders ärgerlich. Aber am 24. 1. 2023 schrieb Flora Hallmann im „Stormarner Tageblatt": „Eine Geschwindigkeits-begrenzung trägt ... mehr zum Klimaschutz bei als ge-dacht." „Bei einem Tempolimit von 120 km/Std. auf Deutschlands Autobahnen und autobahnähnlich ausge-bauten Straßen gäbe es eine Ersparnis von 6,7 Millio-nen Tonnen CO_2 und anderer Treibhausgase pro Jahr. Bei einem Tempolimit von 80 km/Std. auf Außenortsstraßen würde sich das Einsparpotenzial auf 8 Millionen Tonnen/Jahr erhöhen." (So das Bundes-Umweltamt). Es müßten deshalb mehr Tarnkappen-blitzer eingesetzt werden, zum Geschwindigkeitsstopp!

Aber in Wirklichkeit wollen ja sehr viele schneller fahren. Und auch deshalb sind viele gegen die Straßen-sperrungen durch die „Letzte Generation". Und die Zeitung (Bild 7. 2. 23) brachte fast eine Seite über das Mitglied Luisa Sonnenberg 2019 vor dem Eiffelturm – und ihre Liebe zu reisen. - Aber es geht ja um das Leben auf der Erde. Um da keine Zweifel aufkommen zu lassen, gebe ich als nächstes Kapitel den Bericht einer Professorin (t-online 8. 2. 2023) wieder. Er zeigt auch: Die „LETZTE GENERATION" hat leider recht.

227

Kapitel 17:
Sehenden Auges in die Krise.

Prof. Dr. Claudia Kemfert leitet seit April 2004 die Abteilung Energie, Verkehr, Umwelt am Deutschen Institut für Wirtschaftsforschung (DIW Berlin) und ist Professorin für Energiewirtschaft und Energiepolitik an der Leuphana Universität. Sie gilt als die renommierteste Energieökonomin Deutschlands. In ihrem neuen Buch „Schockwellen" das am 8. Februar erschienen ist, beschreibt Kemfert, wie Politik und Wirtschaft sehenden Auges in die Energiekrise geschlittert sind, welche Rolle Konzerne wie RWE und Eon dabei gespielt haben und weshalb die neuen Gasprojekte der Bundesregierung Demokratie, Wohlstand und Frieden gefährden. (Quelle: Roland Horn/ DIW Berlin)

Doch nun der Bericht von Frau Professor Dr. Kemfert:
Die Welt steckt in einem Krisenmodus, auf den Politik und Wirtschaft jahrelang hingesteuert haben. Geht es so weiter, steht eine letzte Krise bevor, die alle bisherigen übertrifft, mahnt Energieökonomin Claudia Kemfert.

Die Schockwellen kamen mit Ansage: Vor knapp einem Jahr brach der Krieg in der Ukraine aus, dann kamen die Angst vor einer Gaskrise, eine zerborstene Ostsee-Pipeline und explodierende Energiepreise, gefolgt von der höchsten Inflationsrate seit dem Ende des Zweiten Weltkriegs. Das Ende der Abwärtsspirale? Nicht abzusehen, im Gegenteil.

228

Wir wiederholen gerade die Fehler, die uns in diese Sackgasse manövriert haben. Deutschlands Gasproblem ist nicht gelöst. Denn egal, wo es herkommt: Gas steigert das Kriegs- und Krisenrisiko ins Unermessliche. Nur erneuerbare Energien sind Friedensenergien.

Längst ist klar: Die deutsche Energiepolitik hat den russischen Krieg gesponsert – doch daraus haben wir anscheinend nichts gelernt. Stattdessen rüsten wir unser Land weiter mit fossilen Brennstoffen auf. Jedes neue Flüssiggasterminal schmiedet neue Abhängigkeiten – wir tauschen das russische Unterdrückungsregime gegen die Autokraten aus Katar und den Vereinigten Arabischen Emiraten. Das ist eine Niederlage, kein Befreiungsschlag.

1.Deutschland, ruhe sanft?

Im Frühjahr 2022 sind viele Menschen aufgeschreckt, als sich nicht mehr leugnen ließ, dass Blut am russischen Gas klebt. Ich dachte: Jetzt haben alle den Schuss gehört. Doch die Profiteure der fossilen Brennstoffindustrie wussten das Land erneut einzuwickeln. Sie sangen die altbekannten Schlaflieder vom Gas als preiswerter "Brückentechnologie" und verbreiteten ihr Lieblingsmärchen der angeblich unzuverlässigen Erneuerbaren. Deutschland, ruhe sanft! Das Ergebnis: Die Bundesregierung tritt mit neuer fossiler Infrastruktur, die es nicht einmal gebraucht hätte, die nächsten Schockwellen los. Schon jetzt stecken wir in einer Klimakrise, die man zunehmend auch bei uns spürt – überdimensionierte LNG-Terminals, lange Verträge mit neuen Gaslieferanten und der Wunsch, in Afrika frische Gasvorkommen anzuzapfen, rücken uns immer näher an den Abgrund.

2.Alle Warnungen waren vergebens

Was muss geschehen, damit die Menschen aus ihrem Dornröschenschlaf aufwachen – Verteilungskriege um sichere Wohngebiete, fruchtbares Land und Trinkwasser? Genau das steht uns nämlich bevor, sobald die fossilen Energien den Planeten so aufgeheizt haben, dass weite Regionen unbewohnbar werden.
Davor warnen wir Wissenschaftlerinnen und Wissenschaftler ebenso eindringlich, wie wir jahrelang gemahnt haben, Wirtschaft und Wohlstand in Deutschland nicht von Russlands Gas abhängig zu machen. Eine Regierung nach der anderen hat uns ignoriert. Und alle Horrorszenarien sind wahr geworden: Die hohen Energiepreise sind die Folge der fossilen Monokultur und unserer Abhängigkeit von dieser zerstörerischen Energieform. 300 Milliarden Euro muss Deutschland gerade investieren, um die akuten Folgen der Energiekrise einzudämmen. Wieder und wieder haben wir vor solchen Szenarien gewarnt – vergebens.

Richtig schlimm trifft es derzeit die Ärmsten und Schwächsten. Aber das ist erst der Anfang. Als Nächstes drohen die Ignoranz der Politik und die Beschwörungsformeln der Brennstoffkonzerne, uns den Klimakollaps zu bringen – der trifft dann auch die Reichen. Einen Ersatzplaneten gibt es für kein Geld der Welt.

3. Erkenntnis ja, Umsetzung nein
Überall auf der Erde spüren wir bereits die Folgen des fossilen Kriegs gegen die Natur: Hitzetote, Ernteausfälle, überflutete Dörfer, Städte und Länder. In Wirtschaft und Politik wird zunehmend erbittert um schwindende Öl- und Gasvorkommen gekämpft, immer öfter auch militärisch. Gleichzeitig nimmt die Zahl der Klimaflüchtlinge zu; die Menschen fliehen schon jetzt, weil es in ihrer Heimat nicht mehr auszuhalten ist – wegen Kriegen und Konflikten, Dürre, Hitze oder anderen klimabedingten Katastrophen. Je länger wir am Gas hängen, desto schlimmer wird all das.

Uns bleibt nur ein enges Zeitfenster, um eine Klimakatastrophe zu verhindern. Den meisten ist das längst klar. Wir haben kein Erkenntnisproblem, sondern ein Umsetzungsproblem.

Die nötigen Maßnahmen sind alle bekannt, seit Jahren, wenn nicht seit Jahrzehnten. Im Kern geht es darum, die erneuerbaren Energien konsequent und schnell auszubauen, unsere Auto-zentrierte Verkehrspolitik gegen Städte zu tauschen, in denen der Mensch im Zentrum steht. Es gilt, Gebäude zu dämmen, zu sanieren und auf grünere Heizmethoden wie beispielsweise Wärmepumpen umzusteigen. Außerdem müssen wir die Energie, die wir haben, viel effizienter nutzen – gerade auch in der Industrie. Wir müssen vernetzte Batteriespeicher und andere längst erprobte Speichertechnologien für grüne Energien reinlassen, brauchen mehr Pumpspeicherkraftwerke und Wasserstoffspeicher.

Kapitel 18
„Atomkraft nein danke" - oder „ja bitte"

Bei „Atomkraft nein danke" denkt man zuerst an das Atomunglück in Tschernobyl, bei dem große Teile Europas radioaktiv verseucht wurden.

Das Bundesamt für die Sicherheit der nuklearen Entsorgung schrieb dazu u. a.: Der russische Angriff auf die Ukraine und die sich immer wieder neu entwickelnde Situation im Land werfen viele Fragen auf – auch zu Gefahren, die durch Atomkraft und Radioaktivität entstehen können. Erinnerungen an den Unfall von Tschernobyl werden wach." - Nur, dass ich vor längerer Zeit eine sichere Atommüllendlagerung erfand, darüber schrieben sie natürlich nichts. Siehe aber dazu mehr im nächsten Kapitel.

Zu Tschernobyl wurde aber noch geschrieben: „Am 11. Mai 2022 vermeldete die IAEA, dass die Fernüberwachung der Safeguardsysteme am Standort Tschernobyl vollständig wiederhergestellt werden konnte. Damit ist erstmals seit Anfang März die Datenübertragung aller solcher Systeme in kerntechnischen Einrichtungen in der Ukraine voll wieder funktionsfähig. (Quelle: IAEA)." Und was geschah in Tschernobyl? „Am 26. April 1986 kam es im Atomkraftwerk zum bis heute schwersten Unfall in der zivilen Nutzung der Atomenergie.

Während der darauf folgenden 10 Tage wurden große Mengen radioaktiver Stoffe in die Atmosphäre

232

freigesetzt und über die Nord-Erdhalbkugel, insbesondere über Europa, verbreitet. Die Nuklearkatastrophe von Tschernobyl wurde in die höchste Stufe 7 der internationalen Meldeskala INES eingeordnet.

Bei dem havarierten Reaktor handelte es sich um einen Druckröhrenreaktor der sowjetischen RBMK-Bauart. Bei diesem Reaktortyp sind die Brennelemente in Druckröhren innerhalb eines Graphitblocks angeordnet und werden von Wasser gekühlt.

Zum Unfallzeitpunkt befand sich der Reaktor in der Phase eines planmäßigen langsamen Abschaltens, um eine Revision durchzuführen, also routinemäßige Instandhaltungs- und Prüfarbeiten.

Gleichzeitig war ein Versuch zur Überprüfung verschiedener Sicherheitseigenschaften der Anlage vorgesehen. Aufgrund des Zusammenspiels mehrerer Faktoren kam es in dieser Situation zu einer plötzlichen Leistungsexkursion und in Folge zur Überhitzung des Reaktorkerns. Der Reaktor explodierte, der Anlagenblock wurde weitgehend zerstört und e3rhebliche Mengen radioaktiver Stoffe freigesetzt. Große Teile Europas wurden dadurch radioaktiv verseucht.

„Konstruktionsbedingte Aspekte in Verbindung mit Bedien- und Verhaltensfehlern des Kraftwerkpersonals spielten bei den Abläufen eine Rolle eine Rolle und führten zur Katastrophe."

Aber trotz Tschernobyl kam der Realitätsschock: So könnte man es nennen, was die EU-Kommission der neuer Bundesregierung beschert hatte. In einem Verordnungsentwurf stufte de Brüsseler Behörde nicht nur Erdgas, sondern auch die Atomenergie als Übergangstechnologie ein, bis die Energieversorgung in einigen Jahren (hoffentlich) vollständig aus Wind und Solar kommt.

Der Plan ist Folge der Erkenntnis, dass sich die ehrgeizigen Klimaziele in der gesamten Union wohl anders nicht erreichen lassen. Und er ist ein Affront gegen Deutschland, das die kleine Gruppe der AKW-Aussteigerstaaten anführte. Frankreich und andere Länder setzen dagegen weiter voll auf Kernenergie. Polen und weitere osteuropäische Staaten wollen neue Meiler bauen. Nur so können sie sich angeblich von der klimaschädlichen Kohle lösen.

In der deutschen Politik, wo man gern am besten weiß, was gut für Europa ist und was nicht, stießen diese Pläne zunächst auf scharfe Ablehnung. Vizekanzler **Robert Habeck** und Umweltministerin **Steffi Lemke** fanden die Pläne „bei dieser Hochrisikotechnologie falsch.

Am 27. 6. 2022 stand in „Bild": „Energie-Experte warnt vor AKW-Aus. Millionen Arbeitslose drohen." Das war der Energieexperte Vahrenholt: Er begründete dies, „dass ohne ausreichende Gasversorgung z. B. der Chemiekonzern BASF nach eigenen Angaben den Standort Ludwigshafen dichtmachen müsse."

234

Und die Bundesregierung warnte er: „Wenn Sie am 31. Dezember noch drei Kernkraftwerke abstellen, können Sie die gar nicht mit Kohlekraft abdecken, denn so viele Kohlekraftwerke haben Sie gar nicht." (Darf ich hier einwenden, dass gemäß Kapitel 16 auch die Kohlekraft besonders umweltschädlich ist.)

Aber Mitte 2022 war, auch durch den Ukraine Krieg, noch ein anderes Problem aufgetaucht: Strom war 2022 teuer wie noch nie. „Experten und Politiker fordern zurück zur Atomkraft. Fürs Klima wäre es auch besser" schrieb die „Bildzeitung" am 7. 6. 2022 auf der ersten Seite – mit Fortsetzung auf der 2ten Seite: „ATOMKRAFT JA BITTE!" Dazu wurde eine Deutschlandkarte mit den 3 bereits ausgeschalteten Atomkraftwerken Brokdorf, Grohnde und Grundremmingen C und den nicht ausgeschalteten Kraftwerken EMSLAND, Neckarwestheim 2 und Isar 2 gezeigt.

Am 21. 8. 2022 schrieb dann t-online: „Bundeswirtschaftsminister Robert Habeck hat längere Laufzeiten der letzten drei deutschen Atomkraftwerke zu Einsparung von Gas ausgeschlossen. Mit dem AKW-Weiterbetrieb könne man den Gasverbrauch um maximal zwei Prozent senken, sagte der Grünen-Politiker am Sonntag bei einem Bürgerdialog am Tag der offenen Tür der Bundesregierung. Für das wenige, was wir da gewinnen, ist es die falsche Entscheidung." Es gebe zum Gas-Sparen andere Möglichkeiten. Dafür solle der Konsens zum Atom-Ausstieg nicht wieder aufgeschnürt werden."

„Egal ob Schweden, Polen, Frankreich oder Tschechien – überall sind derzeit neue Meiler in Planung."

Bild" brachte allerdings: „**Überraschende Argumente für die Atomenergie:** 1. Effizienz: Um ein mittleres Kernkraftwerk durch Windkraft zu ersetzen, benötigt man 3000 Windturbinen (Physiker Ebert). „2. Kaum Atommüll" „3. Endlager Irrsinn: 4. Neuartige Reaktoren (Generation 5) laufen mit Atommüll aus alten Reaktoren. Die Reststoffe daraus sind nach 200 bis 300 Jahren abgeklungen (so Ebert)..5. Sicherheit Kernkraft ist nach diversen Studien die sicherste konventionelle Energieform, die es gibt. (aus Nature)." - Zuletzt wird noch berichtet, dass der Atomphysiker Ruprecht ein neues und sparsames KKW (Kernkraftwerk) plant.

Am 10. 6. 2022 stellte „Bild" die Frage: „Was ist schädlicher für die Umwelt – Atomkraft oder Windräder?" Dabei ergab sich, dass man für ganz Deutschland 15 AKW benötigen würde oder 15.000 Windräder, also pro AKW 15.000 Windräder, die dann Platz brauchen, z. T. Wald-Abholzung. Die Flügel sind dann mit 25 Tonnen pro Stück Sondermüll.

Wer allerdings denkt, man könne durch Solar- und Windenergie genügen Strom erzeugen, der kann dabei irren. Denn am 6. 12. 2022 überschrieb die „Bild-Zeitung" einen Großbericht: „Schon eine Woche ohne Wind und Sonne. Woher kommt bei diesem Wetter künftig der Strom? Und am 6. 12. 2022 hieß es in der gleichen Zeitung: „Studie warnt: In Deutschland wird der Wind knapp" Laut Studie der UN-Klimaorganisation IPCC.

„Grund für die Flaute laut IPCC: Der Klimawandel. Wind entsteht beim aufeinandertreffen unterschiedlich warmer Luftmassen. Die Temperaturen näherten sich aber an.(JCB)."

Also doch noch viel weniger Verbrauch, auch nicht mit Elektro-Autos.

———————————

Kapitel 19:
Das leicht lösbare Atommüllproblem

Jeder weiß, das mehr Atomkraftwerke auch mehr Atommüll bringen. Aber alle machen mit, die Probleme zu vergrößern. Auch die EU. Zum Jahresbeginn kam das grüne Licht der EU-Kommission für Erdgas. Dies ist aber insoweit aus UMWELTGRÜNDEN VERWERFLICH, weil sein Hauptbestandteil Methan ist: und Methan ist rund 25 mal klimaschädlicher als das bekanntere Kohlenstoffdioxid (CO_2). Schon in kleinen Mengen hat es einen großen Treibhauseffekt und tritt entlang der gesamten Lieferkette aus. Erdgas entweicht bei der Förderung und schlüpft aus leckenden Pipelines.

Unter viel Getöse schob die EU nur 2 Monate zuvor - ein internationales Versprechen bei der Weltklimakonferenz an, mit dem man die Methanemissionen drücken wolle. Und zu Hause? Soll jetzt ausgerechnet der Sektor als vermeintlich nachhaltig aufgewertet werden, in dem sich Methan am leichtesten einsparen ließe. In der Landwirtschaft und im Abfallmanagement ist das viel schwieriger.

Und ein Problem wurde überall noch nicht ausreichend behandelt: Die Atommüllendlagerung – eine ebenfalls große Gefahr für die Zukunft.

Dazu wurde am 28. 1. 2022 (t-online) gemeldet:
„Die schwedische Regierung hat Pläne für die Endlagerung von Atommüll genehmigt. Dabei sollen rund 12.000 Tonnen radioaktive Abfälle etwa 500 Meter unter der Erde in kilometerlangen Tunneln in einbetonierten Kupferkanistern gelagert werden. "Schweden und Finnland sind die ersten Länder der Welt, die Verantwortung für ihren Atommüll übernehmen", sagte die schwedische Umweltministerin Annika Strandhäll am Donnerstag laut einer Pressemitteilung.

Die Pläne des Unternehmens SKB, das zur schwedischen Atomkraftindustrie gehört, seien nach den geltenden Kriterien von den Behörden als sicher eingestuft worden. Ein Gericht soll nun die formellen Genehmigungen erteilen. Bis zur Fertigstellung könnten schwedischen Medienberichten zufolge Jahrzehnte vergehen. Das Endlager soll in Forsmark im Süden Schwedens entstehen. Dort ist auch eines der schwedischen Atomkraftwerke angesiedelt. Außerdem umfassen die Pläne den Bau einer Anlage im ebenfalls südschwedischen Oskarshamn, die für die Kupferkanister zuständig sein soll.

3. Finnland lagert Müll auf Halbinsel: Finnland hat bereits vor 16 Jahren mit dem Bau eines Endlagers begonnen. Als Standort wurde letztendlich die Halbinsel Olkiluoto in der Ostsee gewählt. Auch hier soll der Müll in Kupferbehältern unter der Erde gelagert werden. Der Zugangstunnel zum Endlager ist 420 Meter lang. Noch befindet sich das Lager im Bau.

4. In Deutschland ist die Frage nach einem Endlager – wie auch in vielen anderen Ländern – weiter offen. Wenn Ende 2022 im letzten deutschen AKW die Lichter ausgehen, strahlt der über Jahrzehnte angehäufte Atommüll in großen Mengen weiter. Fachleute erwarten bis 2080 rund 10.500 Tonnen hoch radioaktive Abfälle aus Brennelementen. Sie sollen eines Tages in einem Endlager ruhen, das offiziell bis 2031 gefunden sein soll. Ob das gelingt, ist schwer abzusehen.“

Da der Atommüll aus jedem Kernkraftwerk etwa eine Million Jahre strahlt, ist Atomenergie praktisch unbezahlbar, vor allem dann, wenn die Müllentsorgung nicht entsprechend lange strahlungssicher ist.

Und weltweit müssen in den nächsten 15 Jahren über die Hälfte der AKW alters- oder sicherheitsbedingt abgeschaltet werden.“, schrieb Dr. Franz Alt am 14. 8. 2014 im „Hamburger Abendblatt“ in seinen Gastbeitrag „Atomkraft floppt, Erneuerbare sind Top“. Schon zwei Tage später lautete die Überschrift in der gleichen Zeitung: „Sachsen in Angst vor radioaktivem Schutt aus Stade.“ (dpa in HA) In diesem und im nächsten Jahr sollten je 1000 Tonnen radioaktiver Bauschutt von dem stillgelegten AKW Stade dorthin gefahren und auf einer Deponie eingelagert werden. Doch die Bürger lehnten dies ab. Sie fürchteten um ihre Gesundheit.

Am 18. 8. 2014 hieß es dann in der Zeitschrift „FOCUS": „Als erster kommerzieller Meiler ist das Kernkraftwerk Würgassen vollständig zurückgebaut. Den Anwohnern bleiben 5000 Tonnen strahlender Schutt – vielleicht für immer. Dazu Rückblende von Anfang an: „Die Asse ist Sinnbild des Scheiterns der Endlagersuche", sagte der Präsident des Bundesamtes für Strahlenschutz (BfS), Wolfram König, immer von neuem, wenn sich ein neuer Minister damit (etwas) beschäftigte.

Ludger Fertmann beschrieb im Hamburger Abendblatt (5. 3. 2014) den ersten Besuch der neuen GroKo Bundesministerin für Umwelt, Naturschutz, Reaktorsicherheit und Bau Frau Dr. Barbara Hendricks in dem ersten Atommüllendlager Asse bei Wolfenbüttel in Niedersachsen. Damals war der Atommüll einfach in simplen Stahlfässern im Auftrage der Helmholz-Gesellschaft in das jetzt z. T. wasserdurchflutete ehemalige Salzbergwerk gekippt worden. Die neue Bundesministerin wurde bereits in der Überschrift zu dem genannten Artikel bezüglich der Entsorgung zitiert mit „Dann bin ich nicht mehr im Amt".

In der Tagesschau wurde eine Bürgerinitiative am gleichen Abend genannt, die sehr wohl machbare Vorschläge zur schnellen Entsorgung hatte. – Jedoch hört darauf wohl keiner. Wenige Kilometer von der Asse wurde stattdessen weiter am Ausbau vom Schacht Konrad als Atommüllendlager gearbeitet. Und wenige Monate zuvor wurde bekannt, dass auch Atommüll aus Deutschland in Süditalien von der Mafia entsorgt wurde und schon jetzt die Kinder daran erkrankten.

Am 21. 10. 2015 lauteten die Überschriften im „Hamburger Abendblatt: „Atomfässer 30 Jahre lang verrottet. In Brunsbüttel lagern stark beschädigte Behälter. Radioaktiver Inhalt ist ausgetreten. Hohe Luftfeuchtigkeit als Ursache." Auf der ganzen Erde geht es ähnlich zu. Denken wir nur an Fukushima in Japan. Alles aus geistiger Bequemlichkeit der Verantwortlichen. Denn in Wirklichkeit gibt es sichere und gute Lösungen der langfristigen Lagerung – nachfolgend ein Kurzbericht dazu, denn sichere Atommüllendlagerung ist möglich.

Standortunabhängige Kriterien als Zusammenfassung in Behältern, die völlig strahlungs-, wasser- und wärmedicht - sowie bis errechneter Strahlungslosigkeit haltbar sind - und als Transport und Endlager genutzt werden können, war die Idee des Leiters einer Ingenieurs-ARGE (Arbeitsgemeinschaft). Zwei promovierte Bauingenieure hatten – zusammen mit dem Leiter der ARGE, ebenfalls Bauingenieur, die Lösung der Atommüll-Endlagerung erfunden. Diese Behälter, weitgehend aus Spezialbeton, können dann transportiert und auch, z. B. in einer Wüste oder an jedem Punkt, abgelegt und sogar mit Erdreich überdeckt und bepflanzt werden.

Auch die Herstellung ist für Firmen die riesige Druckrohre aus Stahlbeton herstellen kein Problem (z. B. BERDING BETON).

Bereits am 24. 8. 2010 bestätigte das deutsche Bundesamt für Strahlenschutz den Besprechungstermin mit dem Leiter des Fachbereichs nuklearer Entsorgung, Herrn Dr. Hoffmann und der neuen Arge (Arbeits.

gemeinschaft) Atommüll-Endlagerung + Transportbehälter Erfindung von Drs..Ing. Langer und Maack, sowie Dipl,-Ing. Kiene – der dann auch stellvertretend den Termin wahrnahm. Er sprach über das Problem lange mit dem Leiter des Fachbereichs "Sicherheit nuklearer Entsorgung" des Bundesamtes für Strahlenschutz (BfS), und mit der damals zuständigen Staatssekretärin. Doch die meinte, sie müsse sich dringend um die Wahl kümmern.

Die Politik ist zwar für Problemlösungen hauptmaßgebend – aber wird oft nicht tätig. Und die nachfolgende Ministerin meinte sogar, dass sie das Problem nicht mehr lösen könne. In Wirklichkeit wäre auch dies Problem, wie fast alle Probleme, lösbar.

Doch auf der gesamten Erde werden weder die Plastikentsorgungen noch die Atommüllendlagerung noch die Klimaerwärmungsumkehr gelöst. Und dies, obwohl der sich durch die Digitalisierung und Elektroautos laufend erhöhende Stromverbrauch durch zusätzliche Wind- und Solarenergie nicht zu decken ist und deshalb immer mehr Atomkraftwerke gebaut werden müssen, die dann auch immer mehr Atommüll bringen.

Selbst in der Ukraine wurden trotz des Tschernobyl-Unfalls noch 15 weitere Atomkraftwerke gebaut. Dazu die Meldung vom 26. 2. 2022 (CD. Braunsdorf über T.Online):

„Im Ukraine-Krieg haben russische Truppen das ehemalige Atomkraftwerk Tschernobyl eingenommen. Die Radioaktivität ist gestiegen. Müssen wir vorsorgen für eine neue Strahlenkatastrophe?

Nach der Einnahme der zerstörten Atomanlage von Tschernobyl durch die russische Armee sind dort nach Angaben der Ukraine erhöhte Strahlungswerte gemessen worden. In der Sperrzone sei am Freitagmorgen ein "Anstieg der Indikatoren über die Kontrollniveaus hinaus" festgestellt worden, sagte Alexander Grigoratsch von der ukrainischen Atomaufsicht der Nachrichtenagentur AFP.

Düstere Erinnerungen werden wach. Der Reaktorblock 4 des Kernkraftwerkes Tschernobyl war, wie schon erwähnt, am 26. April 1986 explodiert und hatte weite Teile der Ukraine, Russlands und Weißrusslands verseucht. Die radioaktive Wolke zog auch über Mitteleuropa und damit Deutschland. Die Sorge steigt: Kann Deutschland erneut verseucht werden? Müssen wir Vorsorge treffen?

Am Freitag (der 25. 2. 2022) erklärte das ukrainische Parlament, es sei an mehreren Messstellen in der Sperrzone eine erhöhte Gammastrahlung registriert worden, ohne allerdings genaue Werte zu nennen. Wegen der Besetzung der Anlage durch die russische Armee sei es derzeit nicht möglich, die Gründe für die Veränderung zu ermitteln.

Der Internationalen Atomenergiebehörde liegen mittlerweile jedoch genauere Daten vor. Sie stuft diese

244

Strahlungswerte von bis zu 9,46 Mikrosievert pro Stunde als niedrig ein. Die Werte lägen innerhalb der Spannweite der bisherigen Messungen in der Sperrzone um Tschernobyl, hieß es. "Deshalb stellen sie keine Gefahr für die Öffentlichkeit dar", schrieb die IAEA in Wien.

Die erhöhte Strahlung könnte laut ukrainischen Behörden durch Militärfahrzeuge vom Boden aufgewirbelt worden sein, der Jahrzehnte nach der Atomkatastrophe noch immer belastet ist.

IAEA-Chef Rafael Grossi berichtete zur allgemeinen Lage, dass die Betriebssicherheit der 15 aktiven AKWs in der Ukraine gewährleistet sei. Dennoch sei er weiterhin zutiefst besorgt über die Situation in dem Land.

In Netzwerken entbrannte dennoch eine Diskussion, ob nun jeder vorsorglich Jodtabletten kaufen sollte. Sie können Strahlenschäden abwenden. Dazu abschließend für die Gesundheit die Angaben des Bundesamtes für Strahlenschutz (BfS): "Bei einem Unfall in einem Kernkraftwerk kann es zur Freisetzung radioaktiver Stoffe – darunter auch radioaktivem Jod – kommen. Wird radioaktives Jod eingeatmet oder gelangt über Nahrung bzw. Getränke in den Körper, kann es sich in der Schilddrüse anreichern und die Entwicklung von Schilddrüsenkrebs befördern." - Wenn Betroffene zum richtigen Zeitpunkt nicht-radioaktives Jod in Form von hoch dosierten Jodtabletten (auch: "Kaliumiodidtabletten") einnähmen, könnten sie verhindern, dass sich radioaktives Jod in ihrer Schilddrüse anreichert. Das

BfS weiter: "Die Schilddrüse wird mithilfe der Tabletten mit nicht-radioaktivem Jod gesättigt, sodass radioaktives Jod von der Schilddrüse zu einem späteren Zeitpunkt nicht mehr aufgenommen werden kann. Man spricht dabei von einer Jodblockade."Aber „Eigenmedikation kann zu schweren Nebenwirkungen führen." Aktuell rät die Behörde eindringlich davon ab, diese Tabletten einzunehmen. "Hier und da taucht gerade auf, man solle jetzt Jodtabletten nehmen. Das ist falsch."In einer Information auf der Internetseite des BfS heißt es:"Jodtabletten sollten nur nach ausdrücklicher Aufforderung durch die Katastrophen-Schutzbehörden einge-nommen werden – und nur in der von den Behörden genannten Dosis. Da die Einnahme der (hoch dosierten) Jodtabletten zu Nebenwirkungen führen kann, wird von einer Eigenmedikation dringend abgeraten."

Kapitel 20:
Solar-, Wind-, Wasserstoff-, + weniger Energieverbrauch sind fast die Klima-Lösung.

Wichtigstes Treibhausgas bei der derzeitigen globalen Erwärmung ist Kohlenstoffdioxid (CO_2), dazu kommen weitere Treibhausgase wie z.B. Methan und Distickstoffmonoxid. Die von der Messstation Mauna Loa gemessene mittlere CO_2 – Konzentration in der Erdatmosphäre stieg von ursprünglich etwa 280 ppm vor Beginn der Industrialisierung auf inzwischen über 410 ppm.

An einem mehr an Solar- und Windenergie wird bereits gearbeitet – aber es reicht noch nicht, um die Erderwärmung abzustellen – um zu verhindern, dass in 50 Jahren das Leben vorbei ist. Da kam die Idee auf, den Benzin- und Gasverbrauch weitgehend durch grünen Wasserstoff zu ersetzen. Grün deshalb, weil die Herstellung wieder mit Solar- oder Windenergie erfolgen muss. Die beste Lösung ist auch dabei immer noch der geringere Energieverbrauch.

Und wofür ist Wasserstoff dann gut? Ich fange mit den neuen Wasserstoffautos an. Sie sind im Grunde Elektrofahrzeuge. Der Unterschied zum "normalen" E-Auto: Im Fahrzeug ist eine Brennstoffzelle samt Wasserstofftank verbaut, die den Strom für den Antrieb während der Fahrt erzeugt. Eine kleine Batterie fungiert dabei als Puffer bzw. Zwischenspeicher und deckt Lastspitzen z.B. beim Beschleunigen ab. Zudem nimmt sie Bewegungsenergie beim Bremsen auf und speichert sie.

247

In der Brennstoffzelle wird dann elektrischer Strom aus Wasser gewonnen. Das geschieht durch die Umkehrung der Elektrolyse. Wasserstoff und Luftsauerstoff reagieren zu Wasser, dabei entstehen Wärme und elektrische Energie. Letztere treibt den Elektromotor an.

In den Fahrzeugen kommen sogenannte PEM (Polymer-Elektrolyt-Membran)-Brennstoffzellen zum Einsatz. Ihre Wirkungsweise: Die Membran trennt den Wasserstoff und den Luftsauerstoff, die jeweils Anode bzw. Kathode umspülen, voneinander. Die Membran ist nur für Wasserstoffionen durchlässig. An der Anode trennen sich die Wasserstoffmoleküle in Ionen und Elektronen.

Die Wasserstoffionen wandern durch die PEM zur Kathode und verbinden sich dort mit dem Luftsauerstoff zu Wasser. Die Wasserstoffelektronen aber müssen – weil die PEM für sie eine undurchdringbare Barriere darstellt – den Umweg über eine Leitung von der Anode zur Kathode nehmen: Der so entstehende elektrische Stromfluss lädt die Traktionsbatterie oder treibt den Elektromotor des Fahrzeugs an.

Es gibt bereits Wasserstoffautos z. B. von Toyota und Hyundai – oder einen Transporter von Opel und sogar aus Deutschland. Das Xcient Fuel Cell genannte Modell ist der erste für den Schwerlastverkehr entwickelte Wasserstoff-Lkw. Mit einer 72-kWh-Batterie und 31 Kilogramm Wasserstoff an Bord soll er eine Reichweite von rund 400 Kilometer haben. Allerdings ist die Versorgung mit Tankstellen noch sehr knapp – und in den Nachbarstaaten noch geringer. **Vehicle** (ZEV): Der elektrochemische Prozess geschieht lokal emissionsfrei, Wärme und Wasserdampf werden freigesetzt, außerdem sehr geringe Mengen NOx. Letzteres liegt daran, dass Umgebungs-sauerstoff im Prozess verwendet wird – und der ist verun-reinigt.

Berücksichtigt werden müssen aber auch die Emissionen, die bei der **Erzeugung des Wasserstoffs** anfallen. Dann ergeben sich enorme Unterschiede: Wird Wasserstoff mit **Erdgas** hergestellt, ist die Bilanz miserabel – kommt der Strom dafür aus **Erneuerbaren Energien**, sieht es viel besser aus.

Auf der Suche nach langfristigem Ersatz für fossile Brennstoffe bieten Wasserstoff und Brennstoffzellenautos deshalb sicherlich Chancen. Allerdings nur, wenn die Energie aus regenerativen Energiequellen wie **Photovoltaik, Wind- und Wasserkraft, Solarthermie, Geothermie** und **Biomasse** stammt.

Gewonnen wird der Wasserstoff durch Elektrolyse aus **Wasser**. Nötig sind dafür Gleichstrom und Elektrolyt: Durch ihren Einsatz wird Wasser (H_2O) in seine Bestandteile, also Wasserstoff und Sauerstoff zerlegt. An der Anode (positive Elektrode) entsteht Sauerstoff, an der Kathode (negative Elektrode) entsteht Wasserstoff.

Mit regenerativer Energie werden zur Zeit nur zwei Prozent des weltweiten Wasserstoff-Bedarfs von 600 Milliarden Kubikmeter hergestellt. 98 Prozent werden dagegen aus Kohlenwasserstoffen – etwa **Erdgas- Erdöl-** und **Kohle** – gewonnen. Rund 40 Prozent davon entstehen als Nebenprodukt bei chemischen Prozessen, der Erdgas-Synthese und Rohölverarbeitung.

Der wirtschaftlichste Weg der Wasserstoffgewinnung aus diesen fossilen Rohstoffen ist die **Dampfreformierung**. Dabei wird Erdgas unter Druck gesetzt, erhitzt und mit Wasserdampf vermischt – Wasserstoff wird freigesetzt.

Vor dem Hintergrund des Pariser Klimaabkommens soll in diesem Jahrzehnt damit begonnen werden, eine Wasserstoffproduktion und -verteilung im weltweiten Maßstab aufzubauen. Zukünftig sollen sowohl der Verkehrssektor als auch wichtige Industrien wie Stahl und Chemie auf

Wasserstoff als Energielieferant umgestellt werden. Wasserstoff wird eine Schlüsselrolle bei der Dekarbonisierung der Welt zugeschrieben.

Überall Wasserstoff: So haben BMW-Ingenieure Otto-Motoren konstruiert, die sowohl Benzin als auch Wasserstoff verbrennen können. Ein so ausgerüsteter 7er-BMW stand sogar mal offiziell in der BMW-Preisliste.

Und was sagt die Firma Airbus mit großem Auftragsbestand: „Wir sind davon überzeugt, dass wir bis 2035 den CO_2-neutralen Flieger hinbekommen." - Mit Wasserstoff. (HA am 26. 8. 2022)

Und zusätzlich unterzeichneten Bundeswirtschaftsminister Habeck und der kanadische Energieminister Wilkinson das Deutsch-Kanadische Wasserstoffabkommen am Dienstag, dem 22. 9. 2022 in Stephenville in der Provinz Neufundland und Labrador. Dabei waren auch der deutsche Bundeskanzler Scholz und der kanadische Premierminister Trudeau.

Wahrscheinlich bringen der Wasserstoff, Wind und die Solarenergie noch die Möglichkeit für ein längeres Leben auf der Erde. Auch, wenn dpa brachte, dass „selbst wenn alle menschengemachten Emissionen, die das Klima beeinflussen, sofort gestoppt würden, könnte die Erderwärmung mir einer Wahrscheinlichkeit von rund 42 % 1,5 Grad zunächst erreichen. Das geht aus einer neuen Simulationsstudie hervor.

Die Forschenden fanden auch, dass ein sofortiger Emissionsstopp zunächst wohl sogar mit einer schnelleren Erwärmung einhergehen würde, weil der Lenkungseffekt durch Aerosole aus der Verbrennung von Kohle, Erdöl und Erdgas ausfiele; erst nach einigen Jahren würde die globale Temperatur dann sinken.

Die Untersuchung einer Gruppe um Michelle Dvorak von der University of **Washington** in **Seattle** ist in der Fachzeitschrift "Nature Climate Change" erschienen.

Die Forscherinnen und Forscher betonen, zwei Aspekte des Klimawandels getrennt betrachten zu wollen:
1. Die Erwärmung durch den bisherigen Ausstoß von Treibhausgasen und Partikeln, der nicht mehr zu ändern ist
2. die Erwärmung durch zukünftige Emissionen. Deshalb nahmen Dvorak und Kollegen für ihre Simulationen an, dass alle menschengemachten klimarelevanten Emissionen mit Beginn des Jahres 2021 schlagartig aufgehört hätten. Auf diese Weise errechneten sie, dass die Wahrscheinlichkeit der Überschreitung der 1,5-Grad-Grenze auf 66 Prozent steigt, wenn die Reduzierung der Emissionen auf null erst 2029 geschehen würde. Der Kühlungseffekt fällt also weg.

Mit Hilfe des Computermodells "FaIR", das von Experten für die Strahlungsbilanz der Erde entwickelt wurde, erstellten die Wissenschaftler Zeitreihen von 39 Gasen und kurzlebigen Klimawandeltreibern. Daraus ergab sich, dass ein sofortiger Emissionsstopp zu einer schnellen Erderwärmung auf nahezu 1,5 Grad führen würde, denn: "Troposphärische Aerosole, die durch die Verbrennung fossiler Brennstoffe und die Verbrennung von Biomasse entstehen, haben eine atmosphärische Lebensdauer von Tagen bis Wochen und üben derzeit einen starken Netto-Kühleffekt auf das Klima aus (ein negativer Strahlungsantrieb)." Mit Wegfall dieses Kühlungseffekts käme es zu einer schnellen Erwärmung, bevor die Verringerung der Treibhausgase die Temperatur senken würde. - Es wird also nach der Erwärmung wieder ganz normal werden – und unsere Kindeskinder können dann auch überleben. Helfen Sie mit an der Klimanormalisierung. - Vielen Dank!!!!!!!!!!

Denn jeder ist dabei gefordert, auch bei Home-Office, und Bahn oder Fahrrad statt PKW, oder kein Rindfleisch essen, damit dafür dann nicht die Wälder abgeholzt werden, oder weniger heizen, oder Strom durch Solar auf dem Dach, oder weniger verreisen, oder, oder, oder.

Von t-online wurde sodann am 9. 12. 2022 gemeldet, dass die UN-Biodiversitätskonferenz COP 15 in Montreal am 7. 12. 2022 mit einer gewaltigen Aufgabe startete: Binnen 2 Wochen müssen die Delegierten von fast 200 Ländern ein historisches Abkommen treffen, wenn sie die unwiederbringliche Auslöschung von Tier- und Pflanzenarten sowie Ökosystemen verhindern wollen.

"Sie haben ambitionierte Ziele", sagte Klimaexpertin Michaela Koschak in ihrer t-online-Videokolumne "Koschaks Klima-Kosmos".

Welche das sind, welche drastischen Folgen drohen, vor welchen Problemen die Länder stehen und was die Politik, aber auch jeder einzelne tun kann, konnten Sie im Video sehen.:

Venedigs Kanäle trocknen aus, Sandstürme nehmen Menschen die Luft zum Atmen, in Touristengebieten tauchen blutrote Seen auf, die Hitze nimmt zu und beherrscht uns. Dürresommer: Ist das noch Wetter oder schon Klima?

Welche Phänomene stecken dahinter? Müssen wir uns jedes Mal Sorgen machen – und was kann der Mensch tun? t-online-Kolumnistin Michaela Koschak nimmt aktuelle Nachrichten und Bilder sowie generelle Phänomene zum Anlass, um zu erklären, was hinter ihnen steckt – in "Koschaks Klima-Kosmos".

Michaela Koschak hat an der FU Berlin Meteorologie studiert und ist vielen Menschen aus dem Fernsehen bekannt. Die 45-Jährige hat unter anderem für Sat.1, MDR und NDR das Wetter präsentiert. Außerdem ist sie Buchautorin.

Seit 2019 arbeitet Michaela Koschak auch als Wetterkolumnistin für t-online, kommentiert und erklärt bei uns regelmäßig Wetterphänomene. Zudem blickt sie zweimal pro Woche im Video auf die aktuellen Wetterentwicklungen in Deutschland.

Doch leicht sind selbst die richtigen Erkenntnisse über Maßnahmen zur Erderwärmungs-Begrenzung nicht, wie die Bild-Überschrift vom 19. 12. 2022 aufzeigte: „Umwelt-Verbände zerlegen Habecks Windkraft-Plä-ne...Die großen Naturschutzverbände (Nabu, BUND, Grüne Liga, Schutzgemeinschaft Deutscher Wald, Naturfreunde) zerlegen in einer Stellungnahme zu

Windkraft-Plänen in Brandenburg die Energiepolitik der Ampel.

Die Konzentration auf Wind und Solar sei ein ‚Sackgassenmodell'. ...eine große Zahl von Studien belege auf wissenschaftlicher Grundlage, wie wenig zukunftsfähig diese Konzepte sind. Sensible Waldflächen würden geopfert. Bundesweit sei ein ‚Zerstörerischer Prozess' in Gang. Selbst Unesco-Reservate (z. B. Schorfheide-Chorin, Brandenburg seien gefährdet. ‚Mit staatlicher Billigung und fördernder Unterstützung werden ganze Landschaften nicht nur optisch zerstört.' Besonders geschützte Tierarten wie der Weißstorch oder der Seeadler werden „Wissenschaftlich gefährdet".

Also sind auch Windkraftanlagen nicht immer die richtige Energiegewinnungsanlagen. - Zusätzlich zur Wissenschaft – sind auch erst die Umweltverbände zu befragen – und dann ist zu entscheiden, denn es gibt vieles zu bedenken. Dafür sind auch genügend Personen in den Ministerien beschäftigt.

Und zusätzlich ist immer zu fragen, ob nicht die Geschwindigkeiten auf den Straßen mit Schildern + Messgeräten gesenkt werden können: Weniger Tote durch Unfälle und weniger Tote durch die Klimaerwärmung wären die Folge.

Und ganz nebenbei: Ich begann mit den Kriegen, die schon ab Waffenherstellung ein Haupt-Umwelt-Zerstörer sind, doch darüber redet keiner. Und ebenso will kaum Jemand etwas vom hohem Stromverbraucher des

Mobilfunks wissen. Auch nicht „DIE LETZTE GENERATION".

Das Ende der Wahrheiten

Ein wichtiges Sachbuch des Autoren Kiene:

Abwehr von Krebs + Krankheiten
durch Nahrung und Strahlungsabwehr

13,5 x21,5cm, Paperback in Klebebindung 12,99 € auch als E-Book erhältlich. ISBN 9783739238500

Weitere Bücher des Autoren finden Sie im Buchhandel oder z. B. bei Amazon

───────────